日本文芸社

カミキィの
おりがみあそび

カミキィ 著

もくじ

- アイデアいっぱい！ 楽しいごっこあそび……8
- ＜がいこくのどうわリース＞ かわいいヒロインとなかまのものがたり……10
- ＜日本のどうわリース＞ すてきなむかしばなし……12
- きほんのきごうと おりかた……14
- おりがみあそび を はじめるまえに……15

part 1 スイーツショップ-1 | p.16

さくひん

- **キャンディセット**…16
- **カフェ**…17
- **ケーキやさん**…17

クリームソーダ_18
ジュース_18
コーヒー_19

ドーナツ_21
サンドイッチ_20

クッキー_24

ショートケーキ_22

ペロペロキャンディ_26
ハートのロリポップ_26
ハート＆うさぎのロリポップ_27

キャンディ_25

スイーツショップ-2 | p.28

さくひん

- **アイスクリームショップ**…28
- **わがしやさん**…29
- **おかいものごっこ**…29

ソフトクリーム_31
アイスクリーム_30
アイスクリーム_30

おはなやさん・ファンシーショップ　p.106

さくひん

おはなやさん…106
コスメ＆アクセサリーショップ…107

ゆびわ_114

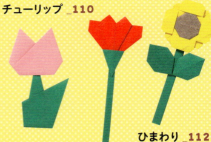

チューリップ_110
デイジー_108
カーネーション_111
ひまわり_112

ゆびわ_114
ハートリング_115

コンパクト_118
コンパクト_118
パフ_120
リップ_121

2しょくリボン_116
ブレスレット_117

リースやさん part 2　がいこくの どうわリース-1　p.122

さくひん

シンデレラ…122
しらゆきひめ…123
にんぎょひめ…123

おしろ_126
王子さま_124
ガラスのくつ_125
シンデレラ_125
かぼちゃのばしゃ_127

まじょ_129
しらゆきひめ_129
こびと_128

みずくさ_130
にんぎょ_131
さかな_130

がいこくの どうわリース -2 p.132

さくひん
- ヘンゼルとグレーテル …132
- ふしぎのくにのアリス …133
- 赤ずきん …133

ヘンゼルとグレーテル

おかしのいえ _135

ヘンゼル _134
グレーテル _134

ふしぎのくにのアリス

トランプへい _139
カップ＆ソーサー _136
ポット _136
アリス _139
イングリッシュローズ _138

赤ずきん

おおかみ _140

赤ずきんちゃん _141

にほんの どうわリース p.142

さくひん
- かぐやひめ …142
- ももたろう …142
- うらしまたろう …143
- つるのおんがえし …143

かぐやひめ

月 _144　竹やぶ _144

かぐやひめ _145
あかちゃんのかぐやひめ _144

ももたろう

きじ _148
のぼり _146
さる _147
いぬ _146
ももたろう _149

うらしまたろう

おとひめ _152
りゅうぐうじょう _151
つる _154
おとひめのうちわ _152
うらしまたろう _152
かめ _150

つるのおんがえし

おじいさん _156
おばあさん _157
おつう _155

おてだまだいし _158

ささのはリース _159

アイデアいっぱい！
楽しいごっこあそび

おかしや洋服、おもちゃやアクセサリーなど
ごっこあそびができるおりがみ作品をたくさんごしょうかい！
どれがいいかなと自分で選んでお買いものができるのはとっても楽しいもの。
きせかえあそびで店員さんやお客さんもつくれます。
いろいろなお店を広げて、ワクワクのつまったおりがみあそびを楽しんで！

キラキラの
ゆびわだよ！

にんじん
100えんでーす

ください な〜

でんしマネーも
わすれずに！

がいこくのどうわリース

かわいいヒロインと なかまのものがたり

にんぎょひめ

しらゆきひめ

赤ずきん

Once upon a time...

ふしぎのくにのアリス

ヘンゼルとグレーテル

シンデレラ

美しいおひめさまやかわいらしい主人公たち。
ヨーロッパの人気の童話をモチーフにしたメルヘンな6つのリースです。
物語のワンシーンをイメージできるようにデザインを工夫しました。
みなさんもぜひすきな物語のリースをつくってみてください。

日本のどうわリース

すてきな むかしばなし

かぐやひめ

つるのおんがえし

むかしむかし あるところに…

ももたろう

うらしまたろう

日本のむかしばなしをモチーフにした4つのリースです。
十五夜には月に帰るひめを思いながら「かぐやひめ」をつくったり、
子どもの日には「ももたろう」のリースをかざったりと
物語の季節感を取り入れるのもすてきですね。

きほんの きごうと おりかた

てんせんでおる

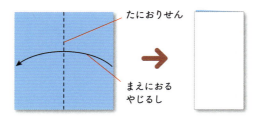

てんせんで手まえにおります

うしろにおる

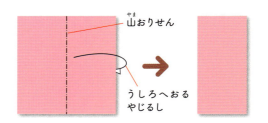

てんせんでむこうがわへおります

おりすじをつける

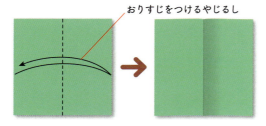

てんせんでおっておりすじをつけてから
もとにもどします

はさみできる

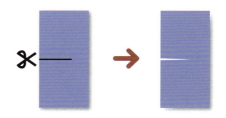

ふとせんをはさみできります

すきまをひらいてつぶす

 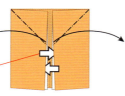  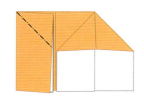

⇨がさしこまれているすきまをひらいてつぶします

うらがえすきごう

おりがみを
うらがえします

むきをかえるきごう

おりがみの
むきをかえます

ずを大きくするきごう

つぎのずから
ずが大きくなります

おりがみあそび をはじめるまえに

むずかしさのマーク

さくひんのタイトルよこに、むずかしさのマークがあります。つくるさくひんをえらぶときにさんこうにしましょう。

この本は小さなお子さんにもおりやすいレベルになっていますが、なれていない子のばあいは、「かんたん」からはじめてすこしずつステップアップしていきましょう。

きれいにおるコツは？

かどとかどをぴったりあわせて、アイロンをかけるようにしっかりおりましょう。

かみの大きさの見かた

「1/4サイズ」は、4つにきった1つぶんです。それぞれの大きさにきってつくりましょう。

ふつうのサイズ / 1/4サイズ / 1/4サイズの1/4サイズ / たて1/4サイズ / よこ1/4サイズ

この本では、きほんてきにふつうのサイズ（15cm×15cm）のおりがみをつかっています。

おってあそぼう！

「いらっしゃいませ〜」

おみせにしょうひんをかざって「おみせやさんごっこ」！

アクセサリーでおしゃれをしたり、おもちゃであそんだり。

つくったおりがみにおえかきするのもたのしい！

すきなものがたりのリースをつくろう！

スイーツショップ-1

カラフルなキャンディがならんだショップ、カフェのおいしそうな
メニューも、見ているだけでウキウキしてきます。
おたんじょうびにはホールのショートケーキもすてきですね！

キャンディセット

つくりかた ▶ 25～27ページ
サイズひょう ▶ 25ページ

カフェ

つくりかた ▶ **18〜20ページ**
サイズひょう ▶ **19ページ**

Yummy!!!!

ケーキやさん

つくりかた ▶ **21〜24ページ**
サイズひょう ▶ **24ページ**

» p.17

カフェ
クリームソーダ／ジュース

かんたん

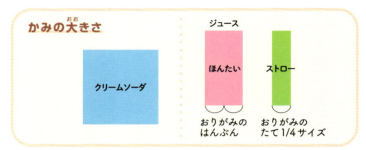

クリームソーダ
たてはんぶんにおりすじをつけておく

1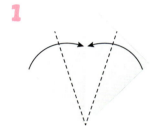
まん中にあわせておる

2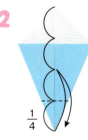
4ぶんの1くらいでおりすじをつける

3
おりすじで上のかみだけをきってさんかくをひらく

4
てんせんでうしろへおる

5
てんせんでうしろへおる

できあがり！
赤いまるシールをつかうとべんり！
チェリーのかたちにきったかみをはる

ジュース ストロー

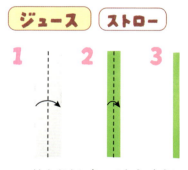
はんぶんにおってから、さらにはんぶんにおってできあがり

ほんたい

15cmのおりがみのばあい、2cmくらい

1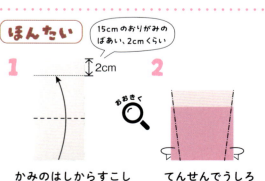
かみのはしからすこしすきをあけておる

2
てんせんでうしろへおる

3
「ほんたい」のできあがり

できあがり！
「ほんたい」のすきまに「ストロー」をさす

コーヒー

» p.17

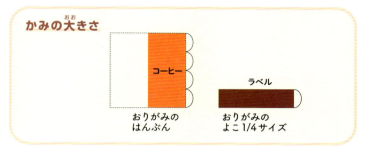

※ よこはんぶんにおりすじをつけておく

1

まん中にあわせておる

2

かみのはしとはしをあわせておりすじをつける

3

てんせんでうしろへおってうらがえす

4
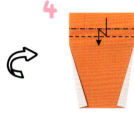
山おりせんをつまんでおりすじにあわせておる

5

上のかみだけかどをおってうらがえす

6

「ラベル」のかみをのせ、ふちにそわせてうしろへおってはる

できあがり！
文字やえをかく

「カフェ」（17ページ）サイズひょう

クリームソーダ
12cm × 12cm

サンドイッチ（p.20）
パン：15cm × 15cm
ぐざい：15cm × 15cm

ジュース
ほんたい：15cm × 7.5cm
ストロー：15cm × 3.75cm

コーヒー
コーヒー：15cm × 7.5cm
ラベル：3.75cm × 15cm

カフェ

サンドイッチ

» p.17

かみの大きさ

ぐざいによっていろをかえてね

パン

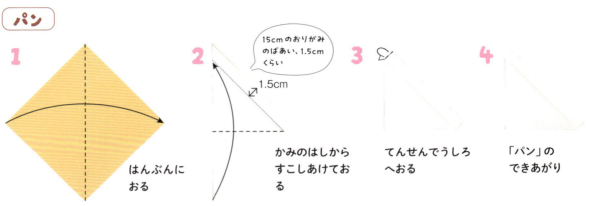

1 はんぶんにおる

2 かみのはしからすこしあけておる（15cmのおりがみのばあい、1.5cmくらい / 1.5cm）

3 てんせんでうしろへおる

4 「パン」のできあがり

ぐざい（ハム）

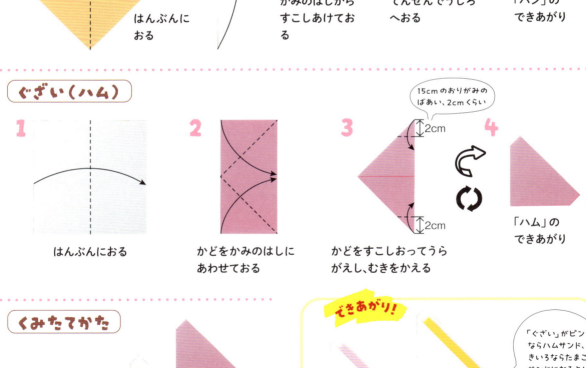

1 はんぶんにおる

2 かどをかみのはしにあわせておる

3 かどをすこしおってうらがえし、むきをかえる（15cmのおりがみのばあい、2cmくらい / 2cm / 2cm）

4 「ハム」のできあがり

くみたてかた

「パン」の上のすきまに「ぐざい」をさしこむ

できあがり！

「ぐざい」がピンクならハムサンド、きいろならたまごサンドになるよ！

20

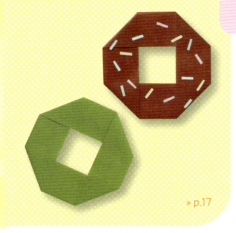

» p.17

カフェ

ドーナツ

ふつう

かみの大きさ

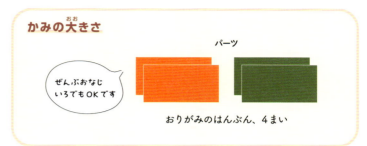

ぜんぶおなじ いろでもOKです

パーツ

おりがみのはんぶん、4まい

パーツ

1
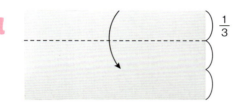
てんせんでおる

2

「パーツ」のできあがり。
おなじものを4つつくる

くみたてかた

1
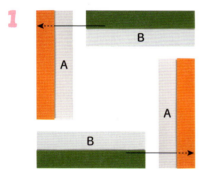
BのパーツをAのパーツの
すきまに入れこむ

2
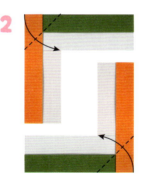
かどをおる

3
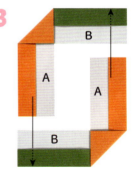
AのパーツをBのパーツの
すきまに入れこむ

4

かどをおってうら
がえす

できあがり！

2しょくのパーツのくみ
かたをかえたり、トッピ
ングをかいたりしておい
しそうにつくってね！

21

» p.17

ケーキやさん

ショートケーキ

 ふつう

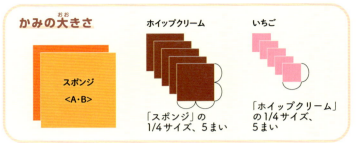

かみの大きさ　ホイップクリーム　いちご

スポンジ <A・B>

「スポンジ」の1/4サイズ、5まい

「ホイップクリーム」の1/4サイズ、5まい

ホイップクリーム

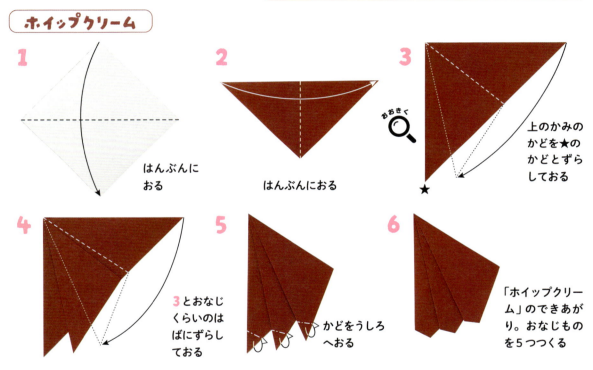

1 はんぶんにおる

2 はんぶんにおる

3 上のかみのかどを★のかどとずらしておる

4 3とおなじくらいのはばにずらしておる

5 かどをうしろへおる

6 「ホイップクリーム」のできあがり。おなじものを5つくる

いちご　たてはんぶんにおりすじをつけておく

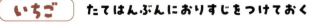

1 かどをおる

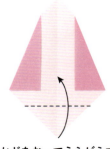

2 かどをおってうらがえす

3 「いちご」のできあがり。おなじものを5つくる

スポンジA

1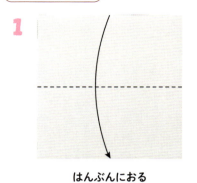
はんぶんにおる

2
かどをうしろへおる

3
「スポンジA」のできあがり

スポンジB　よこはんぶんにおりすじをつけておく

1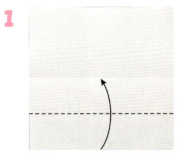
かみのはしをまん中にあわせておる

2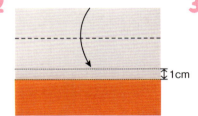
まん中からすこしあけておる

15cmのおりがみのばあい、1cmくらい

3
かどをうしろへおる

4
「スポンジB」のできあがり

5
「スポンジB」の上に「A」をはって「スポンジ」のできあがり

できあがり!

「スポンジ」と「ホイップクリーム」を白でつくると、ふつうのいちごのショートケーキに、ちゃいろでつくると、チョコレートケーキになるよ

「スポンジ」に「ホイップクリーム」と「いちご」をはる

» p.17

おかしやさん

クッキー

かんたん

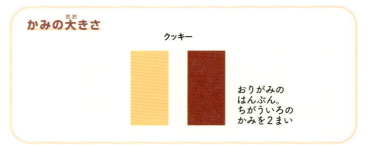

かみの大きさ

クッキー

おりがみの
はんぶん。
ちがういろの
かみを2まい

✱ 1まいは白のめん、もう1まいはいろのめんをおもてにしてはじめる

1
よこはんぶんにおってすりすじをつける

2
2まいをかさねる

3
2まいいっしょにかみのはしをまん中にあわせておる

おおきく

4

2まいいっしょにかどをかみのはしにあわせておる

5

かどをうしろへおる

できあがり！

1まいでおるとおもて・うらのいろが出ます

5でおるはばをかえるとしかくのクッキーに

「ケーキやさん」
（17ページ）
サイズひょう

ショートケーキ（p.22）
スポンジ〈A・B〉
　15cm×15cm、1まいずつ
ホイップクリーム
　7.5cm×7.5cm、5まい
いちご
　3.75cm×3.75cm、5まい

クッキー
15cm×7.5cm、2まい

ドーナツ（p.21）
5cm×10cm、4まい

24

» p.16

おかしやさん
キャンディ

ふつう

かみの大きさ

キャンディ

おりがみのはんぶん

ストライプや水玉もようのかみでつくるとかわいいよ!

★ たてはんぶんにおりすじをつけておく

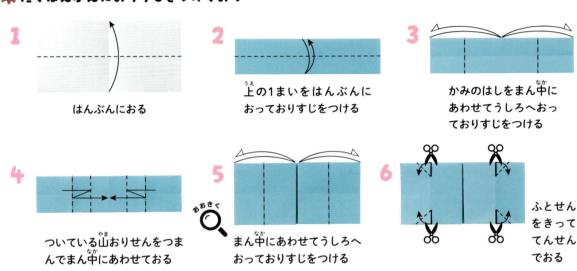

1 はんぶんにおる

2 上の1まいをはんぶんにおっておりすじをつける

3 かみのはしをまん中にあわせてうしろへおっておりすじをつける

4 ついている山おりせんをつまんでまん中にあわせておる

5 まん中にあわせてうしろへおっておりすじをつける

6 ふとせんをきってんせんでおる

7 かどをおってうらがえす

できあがり!

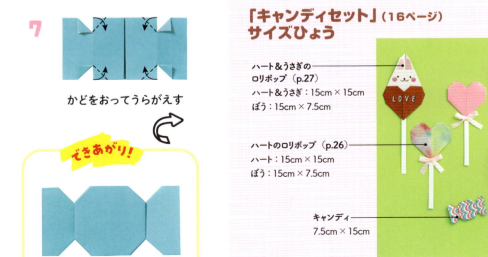

「キャンディセット」(16ページ) サイズひょう

ハート&うさぎのロリポップ (p.27)
ハート&うさぎ：15cm×15cm
ぼう：15cm×7.5cm

ハートのロリポップ (p.26)
ハート：15cm×15cm
ぼう：15cm×7.5cm

キャンディ
7.5cm×15cm

おかしやさん
ペロペロキャンディ

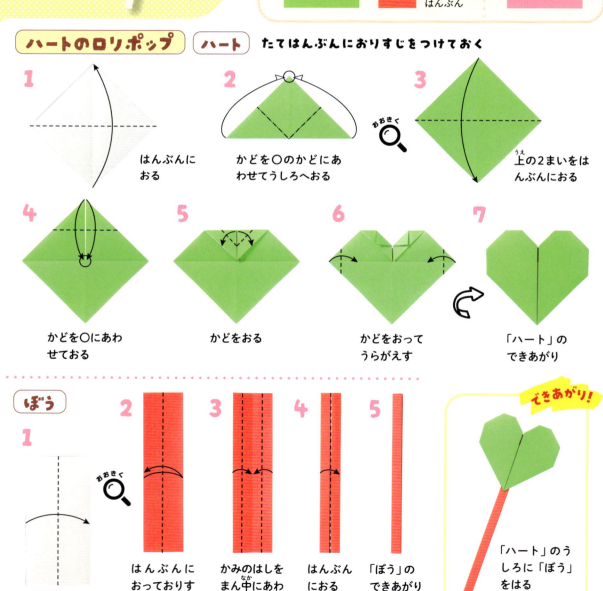

ハート&うさぎのロリポップ　ハート&うさぎ

たてよこはんぶんにおりすじをつけておく

1
かみのはしをまん中にあわせておりすじをつける

2
かどをおる

3
かみのはしがまん中ですこしかさなるようにおる

4
まん中にあわせてうしろへおってうらがえす

5
ついているおりすじでおる

6
上のかみのかどをおる

7
いちばん上のかみのかどをつまんで上へ引き出す

8
引き出しているところ

9
かどをおる

10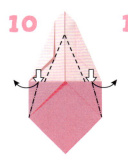
⇩からすきまをひらいてつぶす

11
すきまをひらいているところ

できあがり！
「ハート&うさぎ」のうしろに「ぼう」をはる

12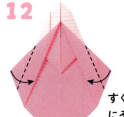
すぐ下のかみのふちにそうようにかどをおってうらがえす

13
「ハート&うさぎ」のできあがり。かおをかく

27

スイーツショップ-2

「いらっしゃいませ！」アイスクリームや和菓子といっしょに
店員さんもつくって、お店やさんごっこをしましょう。
お買いものかごやおさいふをつくればお買いものもできますよ！

アイスクリームショップ
つくりかた ▶ 30〜31ページ
サイズひょう ▶ 31ページ

わがしやさん
つくりかた ▶ 32〜35ページ
サイズひょう ▶ 35ページ

おかいものごっこ
つくりかた ▶ 36〜41ページ
サイズひょう ▶ 39ページ

» p.28

アイスクリームショップ
アイスクリーム

 ふつう

かみの大きさ

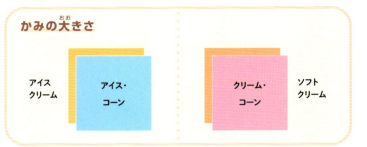

アイスクリーム / アイス・コーン / クリーム・コーン / ソフトクリーム

アイスクリーム　　アイス（1・2だん目）
たてはんぶんにおりすじをつけておく

1 はんぶんにおる

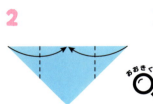

2 かどをまん中にあわせておる　おおきく

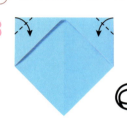

3 かどをおってうらがえす

4「1だん目」のできあがり。「2だん目」は上の1まいをうちがわにおる。うらもおなじようにおる

コーン　　「アイス」の1までおってからはじめる

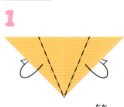

1 かみのはしをまん中にあわせてうしろへおる

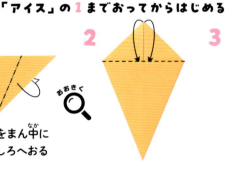

2 てんせんでうちがわへおりこむ　おおきく

3「コーン」のできあがり

5「2だん目」のできあがり

くみたてかた

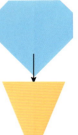

1「コーン」のすきまに「アイス」の「1だん目」をさしこんではる

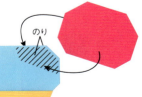

2「アイス」の「2だん目」を「1だん目」にかぶせてはる　のり

できあがり！

ソフトクリーム｜クリーム・くみたてかた｜たてはんぶんにおりすじをつけておく

1

かどをまん中にあわせてうしろへおる

2

おおきく

かどとかどをあわせておる

3

15cmのおりがみのばあい、1cm

↕1cm

かみのふちからすこしはなしたところで上のかどをおる

4

かどをおりかえす

5

↕1cm

かどをおりかえす

6

かどをうしろへおってうらがえす

7

すこしかどが出るようにおる

8

「クリーム」のできあがり。「コーン」をつくってうらがえし、「クリーム」の白いさんかくをさしこむ

9

「コーン」のふちにそっててんせんでおり、うらがえす

できあがり！

「アイスクリームショップ」（28ページ）サイズひょう

てんいんさん（p.37）
かお：7.5cm×7.5cm
バンダナ：
　7.5cm×7.5cm
からだ：15cm×7.5cm
うで：7.5cm×7.5cm
おかっぱ（p.93）
　7.5cm×7.5cm

アイスクリーム
アイス：11cm×11cm
コーン：11cm×11cm

ソフトクリーム
クリーム：15cm×15cm
コーン：15cm×15cm

31

さくらもち

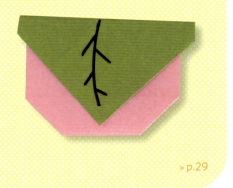

» p.29

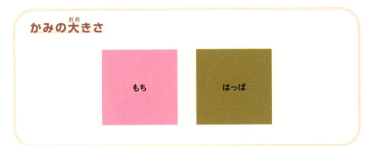

もち　たてよこはんぶんにおりすじをつけておく

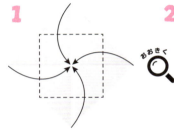
1 かどをちゅうしんにあわせておる

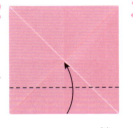
2 かみのふちをまん中にあわせておる

3 かどをおってうらがえす

4 「もち」のできあがり

はっぱ・くみたてかた　「もち」の1までおってむきをかえてからはじめる

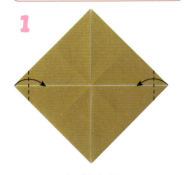
1 かどをおる

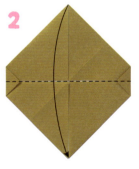
2 はんぶんにおる

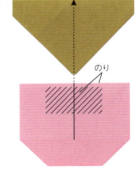
3 「はっぱ」のすきまに「もち」をさしこんではる

「もち」を白いかみでつくると、「かしわもち」になるよ！

できあがり！

はっぱのすじをかく

» p.29

わがしやさん
くしだんご

かんたん

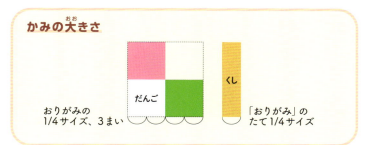

かみの大きさ

だんご：おりがみの1/4サイズ、3まい
くし：「おりがみ」のたて1/4サイズ

だんご　たてはんぶんにおりすじをつけておく

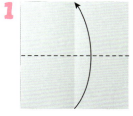

1 はんぶんにおる

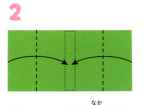

2 かみのはしをまん中にあわせており、テープでとめる

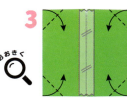

3 かどをおってうらがえす

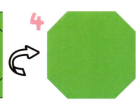

4 「だんご」のできあがり。おなじものを3つつくる

くし・くみたてかた

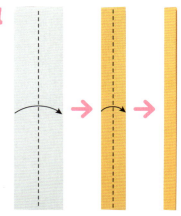

1 「くし」のかみをはんぶんにおり、さらにはんぶんにおって「くし」のできあがり

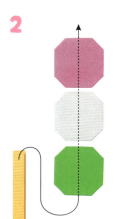

2 「くし」を「だんご」のすきまにさしこむ

いろをかえると、みたらしだんごやごまだんごになるよ！

できあがり！

たいやき

 かんたん

» p.29

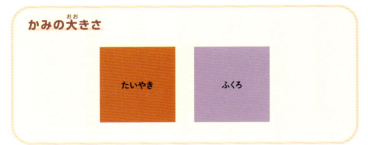
かみの大きさ
たいやき　ふくろ

たいやき

1 はんぶんにおる

2 てんせんでおる　1/3　おおきく

3 てんせんでうしろへおる

4 上のかみをめくる

5 てんせんでうしろへおる

6 「たいやき」のできあがり。かおやひれ、うろこをかく

ふくろ
「たいやき」の **1** までおってからはじめる

1 1/5　1/5
「たいやき」が入るくらい（左右1/5くらいずつ）のはばでうしろへおる

2 すきまから「たいやき」を入れられます
「ふくろ」のできあがり。もようやもじをかく

できあがり！

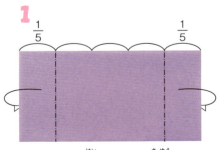

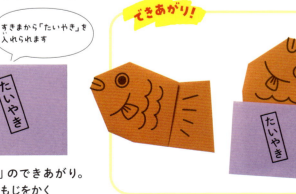

おってあそぼう！
おかしのいえをつくろう！

ダンボールのはこをひとくふうして、おりがみのおかしやケーキのホイップクリームをはりつけると、『ヘンゼルとグレーテル』にとうじょうするようなおかしのいえにはやがわり。
おとなの人といっしょにつくってあそぼう！

人が入れる大きさでつくるばあいは、やねをかたがわだけにしたり、まどをあけたりして、中をあかるくします。

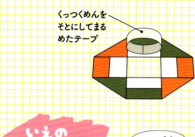

くっつくめんをそとにしてまるめたテープ

まるめたテープをうらめんにつけていえにはると、おかしをとってたべるあそびもできます

いえのつくりかた

おとなの人にきってもらいましょう

きりおとさないようにうすめにきりこみを入れてからはんぶんにおります

やねようのダンボールなど

このみでドアやまどをきりぬいても

かべに木目やレンガもようのかみをはってもすてきです

赤いせんをきり、きったところと青いせんをあわせて、ガムテープなどではる → **やねようのダンボールやはっぽうスチロールのボードをはんぶんにおって上にのせる** → **「いえ」のできあがり。おりがみでおかしをつくり、きれいにはってかざりましょう**

「わがしやさん」
（29ページ）
サイズひょう

おみせ（p.36）
やね：15cm × 15cm
たな：15cm × 15cm
はいけい：15cm × 15cm
はしら：15cm × 7.5cm、2まい

てんいんさん（p.37）
ショート：7.5cm × 7.5cm
かお：7.5cm × 7.5cm
バンダナ：7.5cm × 7.5cm
からだ：15cm × 7.5cm
うで：7.5cm × 7.5cm

くしだんご（p.33）
だんご：7.5cm × 7.5cm、3まい
くし：15cm × 3.75cm

たいやき・大
たいやき：15cm × 15cm
ふくろ：15cm × 15cm

たいやき・小
7.5cm × 7.5cm

さくらもち（p.32）
もち：7.5cm × 7.5cm
はっぱ：7.5cm × 7.5cm

» p.29

おみせ／てんいんさん

むずかしい

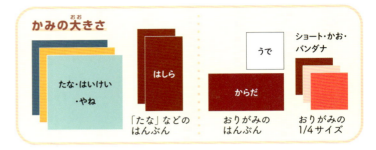

かみの大きさ

たな・はいけい・やね 「たな」などのはんぶん
はしら
うで
からだ おりがみのはんぶん
ショート・かお・バンダナ おりがみの1/4サイズ

おみせ **はしら** たてはんぶんにおりすじをつけておく

1. かみのはしをまん中にあわせておりすじをつける

2. かみのはしをおりすじにあわせておる

3. ちゃいろぶぶんをうしろへはんぶんにおる

4. 「はしら」のできあがり。おなじものをもう1つつくり、むきをかえておく

たな よこはんぶんにおりすじをつけておく

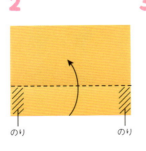
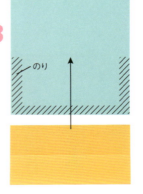

1. かみのはしをまん中にあわせてうしろへおる

2. ななめせんのぶぶんにのりをつけて、ついているおりすじでおってはる

3. 「はいけい」のかみにかさねてななめせんのぶぶんにはる

4. 「たな」のできあがり

つぎのページ

やね　たてはんぶんにおりすじをつけておく

1 はんぶんにおる

2 かどを○にあわせてうしろへおる

3 「やね」のできあがり

くみたてかた

1 「はしら」のかみのあわせ目に「たな」のはしをぴったりとつけてはる

2 「やね」をかさねてはる

できあがり！ 小さくつくったおかしなどを「たな」にさせるよ！

てんいんさん　バンダナ　よこはんぶんにおりすじをつけておく

1 かみのはしをまん中にあわせておる

2 かどをうしろへおる

3 かどをうしろへおる

4 「バンダナ」のできあがり

くみたてかた

「バンダナ」のすきまにあたまをさしこむ

ショート (p.90)
うで (p.99)
かお (p.88)
からだ (p.98) 白いめんからおる

できあがり！ かおとエプロンのもようをかく

» p.29

おかいものごっこ

さいふ

かみの大きさ　ふた　ほんたい

ふた　たてはんぶんにおりすじをつけておく

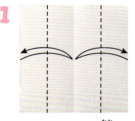
1　かみのはしをまん中にあわせておりすじをつける

2　かみのはしをおりすじにあわせておる

3　かどをおってうらがえす

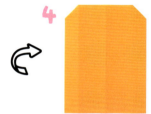
4　「ふた」のできあがり

ほんたい・くみたてかた　「ふた」の1までおってからはじめる

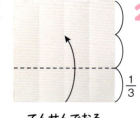
1　てんせんでおる

2　てんせんでおっておりすじをつけてうらがえす

3　おりすじでおる

4　かみのはしをおりすじにあわせておる

5　「ほんたい」のできあがり。「ふた」を「ほんたい」のすきまにさしこむ

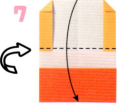
6　さしこんだところ。うらがえす

7　「ほんたい」のかみのふちのすこし上でおる

できあがり！
おもちゃのお金を入れておかいものごっこをしよう！

» p.29

おかいものごっこ
でんしマネー

かみの大きさ

でんしマネー

ちいきによって、いろをかえてつくってみてね

✱ たてよこはんぶんにおりすじをつけておく

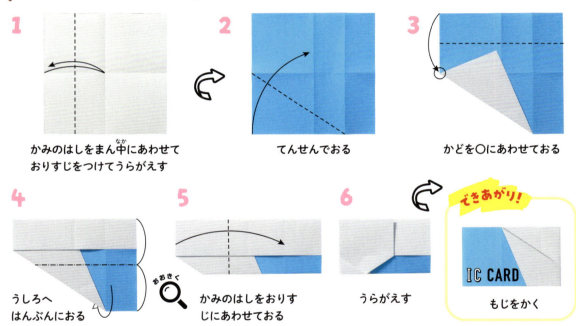

1 かみのはしをまん中にあわせておりすじをつけてうらがえす

2 てんせんでおる

3 かどを○にあわせておる

4 うしろへはんぶんにおる

5 かみのはしをおりすじにあわせておる

6 うらがえす

できあがり！ もじをかく

「おかいものごっこ」
（29ページ）
サイズひょう

さいふ
ふた：15cm×15cm
ほんたい：15cm×15cm

でんしマネー：15cm×15cm

かいものかご（p.41）
かご：A4サイズ
（やく21cm×30cm）
もち手：21cm×7.5cm

スマートフォン（p.40）
15cm×15cm

39

» p.29

スマートフォン

* たてはんぶんにおりすじをつけておく

てんせんでおる

かみのふちをはしにあわせておる

2でおったはばとおなじくらいのはばでおる

かどをうしろへおる

おってあそぼう！
おかいものごっこ

おかいものはげんきんでおしはらい？　それともデジタル？　おかいものかごにしょうひんを入れて、すきなほうほうでおかいけいをしましょう！

さいふ（p.38）　でんしマネー（p.39）

できあがり！

バーコードをかく

おかいものごっこのしはらいにつかえます

おかいものごっこ
かいものかご

» p.29

むずかしい

かみの大きさ
A4サイズ（やく 21cm × 30cm）　かご
「かご」のたて1/4サイズ　もち手

かご　たてよこはんぶんにおりすじをつけておく

1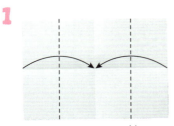
かみのはしをまん中にあわせておる

2
上の1まいをおっておりすじをつける

3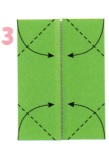
かどをおりすじにあわせておる

4
ついているおりすじでおる

5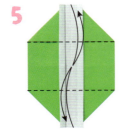
てんせんでおっておりすじをつける

6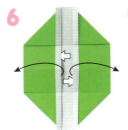
⇦⇨からすきまをひらいてかごのかたちにする

7
ひらいているところ

8
「かご」のできあがり

もち手　たてはんぶんにおりすじをつけておく

1　**2**　**3**

1. かみのはしをまん中にあわせておる
2. はんぶんにおる
3. 「もち手」のできあがり

できあがり！
小さめにつくったやさいやフルーツも入れられるよ (p.56)
「かご」に「もち手」をはる

41

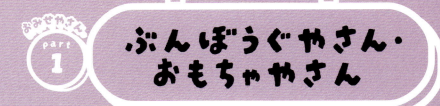

ぶんぼうぐやさん・おもちゃやさん

part 1

みんな大好きなぶんぼうぐ。
いろとりどりの紙でつくってお店をひらきましょう。
おもちゃはつくっておえかきをして楽しみがいっぱいです。

ぶんぼうぐやさん
つくりかた ▶ 44〜45ページ

おもちゃやさん（きょうりゅう）
つくりかた ▶ **49〜53**ページ

おもちゃやさん（ゆびにんぎょう）
つくりかた ▶ **54〜55**ページ

おもちゃやさん（くるま）
つくりかた ▶ **46〜48**ページ

» p.42

ぶんぼうぐやさん
えんぴつ/けしゴム

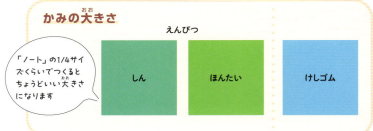

かみの大きさ

「ノート」の1/4サイズくらいでつくるとちょうどいい大きさになります

えんぴつ：しん / ほんたい
けしゴム

えんぴつ　しん
たてはんぶんにおりすじをつけておく

1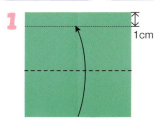
かみのはしからすこしはなしたところにあわせておる

2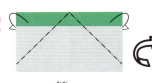
かどをまん中にあわせてうしろへおってうらがえす

7.5cmのおりがみのばあい、1cmくらい

3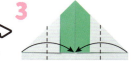
かどをまん中にあわせておる

4
「しん」のできあがり

ほんたい・くみたてかた
たてはんぶんにおりすじをつけておく

1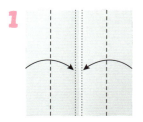
まん中にすこしすきまをあけておる

2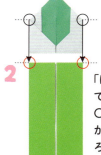
「ほんたい」のできあがり。〇のかどが〇のかどにあうところまで「しん」をさしこむ

できあがり！

けしゴム
「えんぴつ」の「しん」の1までおってからはじめる

1
かみのはしをまん中にあわせてうしろへおる

2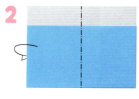
うしろへはんぶんにおる

3
かどをうしろへおる

できあがり！

» p.42

ぶんぼうぐやさん

ノート

 ふつう

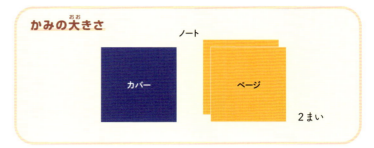

カバー　たてよこはんぶんにおりすじをつけておく

1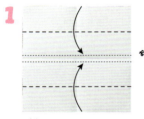
まん中にすこしすきまをあけておる

2
かみのはしをまん中にあわせておって、てんせんぶぶんだけにおりすじをつける

3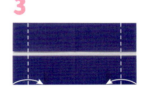
かみのはしをおりすじにあわせておる

4
「カバー」のできあがり

ページ・くみたてかた

1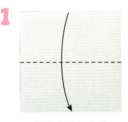
はんぶんにおる

2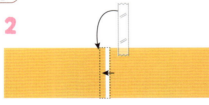
おなじものを2つつくってならべ、うらをテープではってつなぐ

3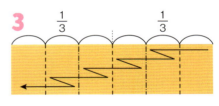
じゃばらにおる

4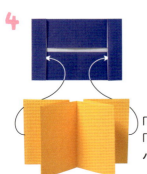
「ページ」のできあがり。「ページ」のはしを「カバー」のすきまにさしこむ

できあがり！
とじたところ

45

おもちゃやさん
くるま／パトカー

» p.43

「タイヤ」は46〜48ページののりものでおなじものをつかいます

「パトカー」のたてよこ1/4サイズ

くるま **タイヤ** たてはんぶんにおりすじをつけておく

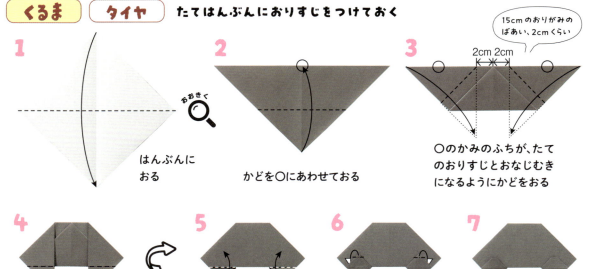

1. はんぶんにおる
2. かどを〇にあわせておる
3. 〇のかみのふちが、たてのおりすじとおなじむきになるようにかどをおる（15cmのおりがみのばあい、2cmくらい）
4. かどをうしろへおっておりすじをつけてからうらがえす
5. ⇧⇧からすきまをひらいてつぶす
6. かどをうしろへおる
7. 「タイヤ」のできあがり

ほんたい・くみたてかた たてはんぶんにおりすじをつけておく

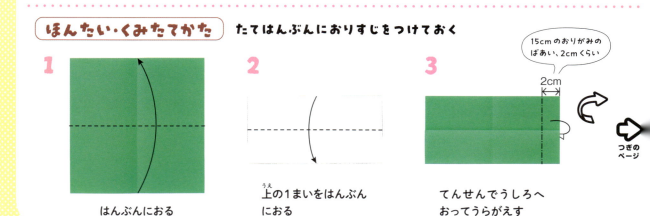

1. はんぶんにおる
2. 上の1まいをはんぶんにおる
3. てんせんでうしろへおってうらがえす（15cmのおりがみのばあい、2cmくらい）

つぎのページ

46

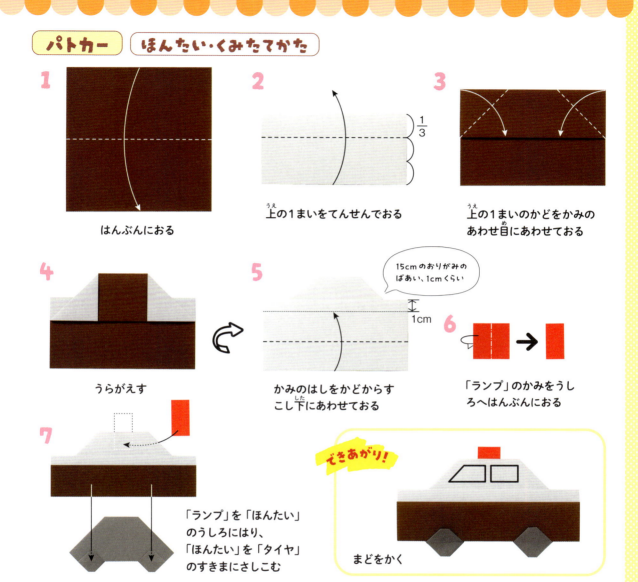
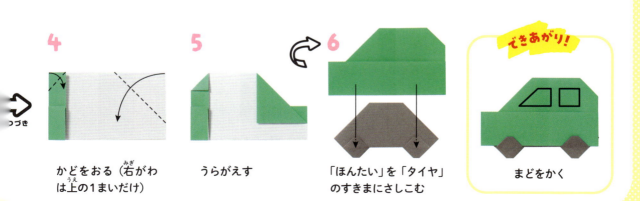

おもちゃやさん

きゅうきゅう車／しょうぼう車 ふつう

かみの大きさ
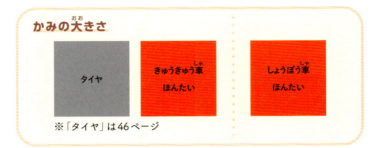

※「タイヤ」は46ページ

» p.43

きゅうきゅう車　**ほんたい・くみたてかた**　よこはんぶんにおりすじをつけておく

1
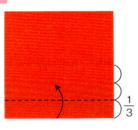
3ぶんの1のところでおる

2
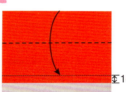
すこしすきまがあくようにてんせんでおる
（15cmのおりがみのばあい、1cmくらい）

3
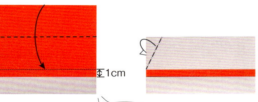
てんせんでうしろへおる

4

「タイヤ」(46ページ)をつくり、「ほんたい」をすきまにさしこむ

できあがり！

まどやランプをかく

しょうぼう車　**ほんたい・くみたてかた**

1
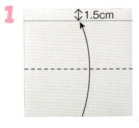
かみのはしからすこしはなしておる
（15cmのおりがみのばあい、1.5cmくらい）

2
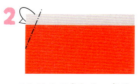
てんせんでうしろへおる

3

「タイヤ」(46ページ)をつくり、「ほんたい」をすきまにさしこむ

できあがり！

まどやはしごをかく

48

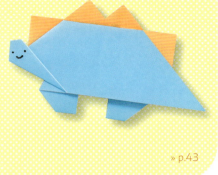

» p.43

おもちゃやさん
ステゴサウルス

 ふつう

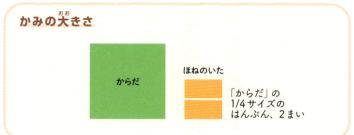

　かみの大きさ

からだ／ほねのいた　「からだ」の1/4サイズのはんぶん、2まい

からだ　「ブラキオサウルス」の「からだ」(51ページ)の **8** までおってからはじめる

1 うらがえす

2 かどをおる
　右むきにしたいばあいは、ここからぎゃくむきにおります

3 かどをうしろへおる

4 「からだ」のできあがり

ほねのいた・くみたてかた

1 うしろへはんぶんにおっておりすじをつける

2 かどを〇にあわせておりすじをつける

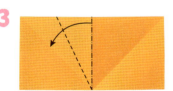

3 まん中の山おりせんをつまみ、おりすじにあわせておる

4 「ほねのいた」のできあがり。おなじものを2つつくる

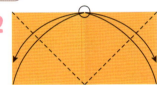

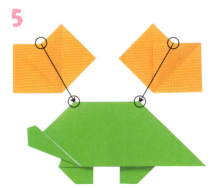

5 「ほねのいた」をずのようにおき、〇と〇をあわせて「からだ」のうしろにはる

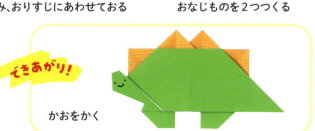

できあがり！　かおをかく

49

おもちゃやさん
ブラキオサウルス

ふつう

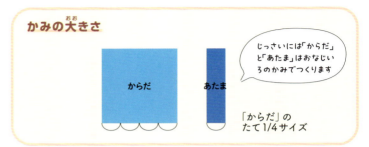

かみの大きさ

からだ　あたま

じっさいには「からだ」と「あたま」はおなじいろのかみでつくります

「からだ」のたて1/4サイズ

» p.43

あたま　よこはんぶんにおりすじをつけておく

1

まん中にあわせておる

2

はんぶんにおる

3

おりすじにあわせておる

4

⇨ からすきまをひらいてつぶす

5

ひらいているところ

6

かみのはしをおりすじにあわせてうしろにおる

7

かどをうしろへおる

8

「あたま」のできあがり

からだ

1

はんぶんにおる

2

おおきく

はんぶんにおる

3

➡からすきまをひらいてつぶす

4

つぶしているところ

5

はんたいがわも **3・4** とおなじ
ようにおる

6

15cm のおりがみの
ばあい、おりすじから
1cm くらいはなす

1cm

上のかみのふちをまん中のおり
すじとむきをそろえておる

7

かどを〇にあわせておる

8

$\frac{1}{3}$

かどをおる

9

かどをおってうらがえす

10

かどをおる

11

「からだ」のできあがり

できあがり!

「からだ」のうしろ
に「あたま」をはっ
てかおをかく

51

おもちゃやさん
ティラノサウルス

》p.43

かみの大きさ

ティラノサウルス

✻ たてはんぶんにおりすじをつけておく

1
まん中にあわせておる

2
かどとかどをあわせてうしろへはんぶんにおる

3
⇩からすきまをひらいてつぶす

4
つぶしているところ

5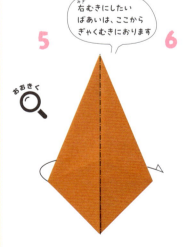
うしろへはんぶんにおる

右むきにしたいばあいは、ここからぎゃくむきにおります

6
うちがわのかどをつまんでひきだし、ずらすようにしておる

7
ずらしているところ

8
上のかみのかどをおる。はんたいがわもおなじ

➡ つぎのページ

52

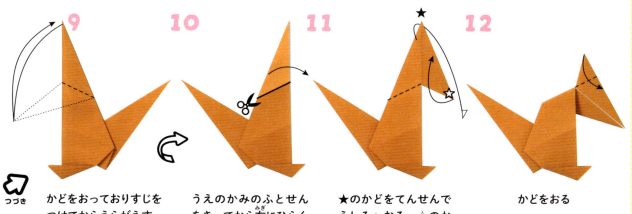

9 かどをおっておりすじをつけてからうらがえす

10 うえのかみのふとせんをきってから右にひらく

11 ★のかどをてんせんでうしろへおる。☆のかどはしぜんに上をむく

12 かどをおる

13 かどをおる

14 うらがえす

できあがり！
かおとまえあしをかく

おってあそぼう！
どんどんふやすとおもしろい！？

「くしだんご」のくしを2本ぶんつなげてロングくしだんごにしたり、「アイスクリーム」にすきなあじのアイスをどんどんかさねてみたり…、こんなのがあったらいいな！をつくってみるのもたのしいですね。すきなモチーフをたくさんならべてかざってもすてきです。

くしだんご（p.33）

どんどんさしこめる！

アイスクリーム（p.30）

くるま（p.46）

53

おもちゃやさん
ゆびにんぎょう

» p.43

かみの大きさ

| あかちゃん | おとうさん | おにいさん | おねえさん | おかあさん |

あかちゃん
たてよこはんぶんにおりすじをつけておく

1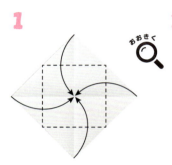
かどをちゅうしんにあわせておる

2
おったかどを1かしょもどす

3
かどを○にあわせておる

4
かどを○にあわせておる

5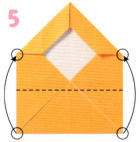
○のかどとかどをあわせておる

6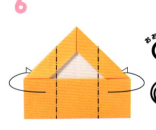
てんせんでうしろにおってうらがえす

7
上のかみのななめせんぶぶんを下のかみのすきまに入れこむ

8
入れこんだところ。うらがえす

できあがり!

かおとリボンをかく

ゆびにはめてあそべるよ!

おとうさん・おにいさん

「あかちゃん」の 7 までおってからはじめる

かどをおりすじよりすこし下にあわせておってうらがえす

かおとふくのもようをかく

おねえさん　「あかちゃん」の 6 までおってからはじめる

1

上のかみをひらく

2

上の1まいをうしろへおってうちがわにおりこむ

3
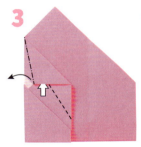
⇧からすきまをひらき、すこしだけずらしてつぶす

4
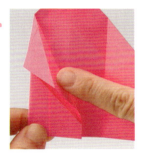
ずらしているところ

5
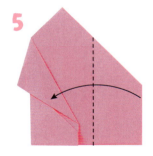
おりすじでおる

6

3・4とおなじようにすきまをひらき、ずらしてつぶす

7

上のかみを下のかみのすきまに入れこむ

8

かどをおりすじよりすこし下にあわせておってうらがえす

できあがり！
かおとふくのもようをかく

おかあさん

「おねえさん」からはじめる

てんせんでしろにおる

できあがり！
かおとふくのもようをかく

55

おみせやさん part 1

くだものやさん・やおやさん

お店で売っている丸ごとの形と、おうちで食べる形の
やさい＆フルーツです。
お買いものごっこもおままごともできる楽しいおりがみです！

カットフルーツ＆ベジタブル
つくりかた ▶ 58〜61／66ページ

やおやさん
つくりかた ▶ 58〜67ページ

57

くだものやさん

バナナ

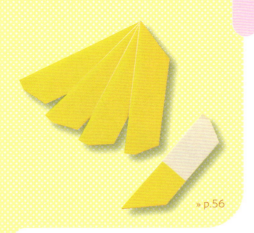
» p.56

かみの大きさ

バナナ（1本）

ふさのバナナをつくるばあいは、本すうぶんのかみをよういしてね

1

うしろへはんぶんにおっておりすじをつける

2

まん中にあわせておる

3

かどをおりすじにあわせておる

4
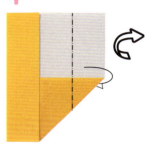
おりすじにあわせてうしろへおってうらがえす

5

かどをまん中にあわせておる

6

かどをおる

7

はんぶんにおる

8

「バナナ」（1本）のできあがり

うらがえすと、むいたバナナになるよ！

ふさのくみたてかた

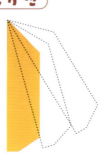

バナナをすきな本すうつくる。上下のむきをかえておき、ずらしながらかさねてはる

できあがり！

くだものやさん

りんご

ふつう

» p.56

かみの大きさ

りんご　きりくち
「りんご」のたてよこ1/3サイズくらい

1
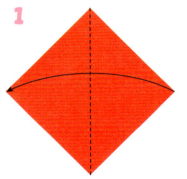
はんぶんにおる

2

上の1まいのかどをかみのふちにあわせておる

3

かどとかどをあわせてうしろへはんぶんにおる

4
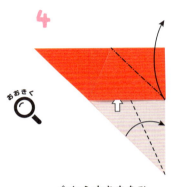
⇧からすきまをひらいてつぶす

5

すきまをひらいたところ

6
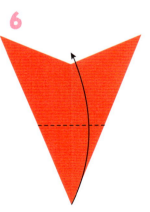
すこしかどが出るように、下のかみもいっしょにかどをおる

7

かどをおる

8

かどをすこしおってうらがえす

できあがり！

たねをかく

「きりくち」のかみをきってはると、はんぶんにきったりんごになるよ！

すいか

» p.56

※ たてはんぶんにおりすじをつけておく

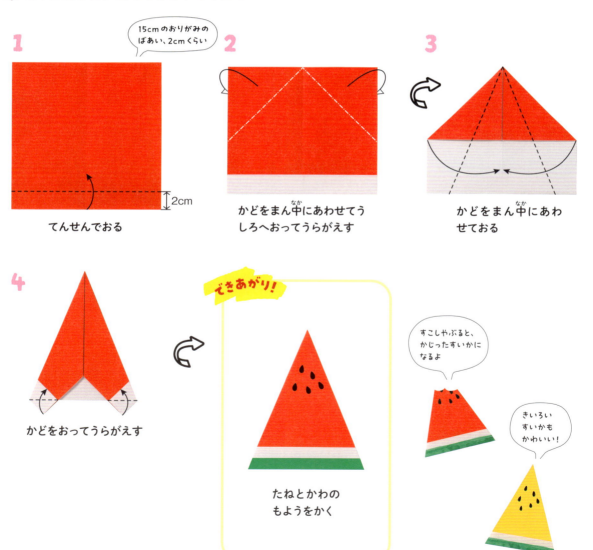

くだものやさん
みかん

» p.56

ほんたい　たてよこはんぶんにおりすじをつけておく

1 かどをちゅうしんにあわせておる

2 かたほうのかどをもどす

3 かどを〇にあわせておる

4 おりすじでおる

5 かどをまん中にあわせておる

6 かどをおってうらがえす

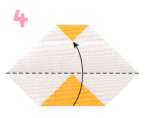

できあがり！
へたをかき、はっぱのかたちにきったかみをはる

ふさ

1 はんぶんにおる

2 かどとかどをあわせてはんぶんにおる

3 かどをうしろにおる

4 「ふさ」のできあがり。すじをかく

「ほんたい」のうらのポケットに「ふさ」を入れられるよ！

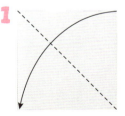
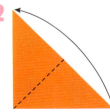

» p.57

くだものやさん
もも

 ふつう

かみの大きさ

ほんたい / はっぱ

おりがみのはんぶん

ほんたい たてはんぶんにおりすじをつけておく

1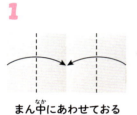
まん中にあわせておる

2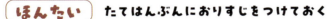
 おおきく
3ぶんの1のかくどでかどをおる

3
かどをおる

4
かどをすこしおってうらがえす

5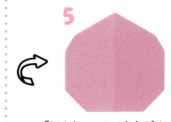
「ほんたい」のできあがり

はっぱ・くみたてかた たてはんぶんにおりすじをつけておく

1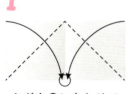
かどを○にあわせておる

2
おおきく
かどを○にあわせておる

3
かみのふちをさんかくのかみのふちにあわせておる

4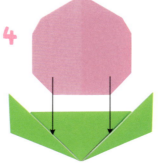
「はっぱ」のできあがり。すきまに「ほんたい」をさしこんではる

できあがり!

すじをかく

» p.57

やおやさん

トマト

 ふつう

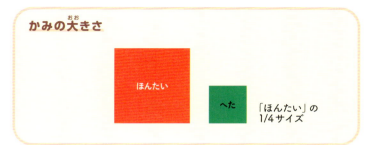

かみの大きさ

ほんたい

へた

「ほんたい」の1/4サイズ

 へた　たてはんぶんにおりすじをつけておく

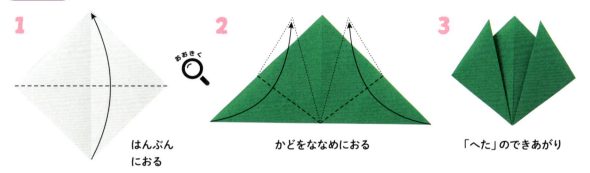

1 はんぶんにおる

2 かどをななめにおる

3 「へた」のできあがり

ほんたい・くみたてかた　たてよこはんぶんにおりすじをつけておく

1 まん中にあわせておる

2 ふちからすこしはなしておる

1cm

15cmのおりがみのばあい、1cmくらい

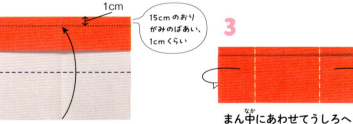

3 まん中にあわせてうしろへおる

4 かどをうしろへおる

5 「ほんたい」のすきまに「へた」をさしこんではる

できあがり!

63

» p.57

やおやさん

にんじん

かんたん

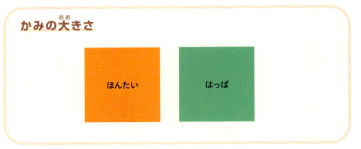

かみの大きさ

ほんたい　　はっぱ

ほんたい　たてはんぶんにおりすじをつけておく

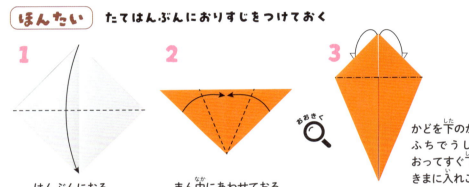

1. はんぶんにおる
2. まん中にあわせておる
3. かどを下のかみのふちでうしろへおってすぐ下のすきまに入れこむ
4. かどをおる

はっぱ・くみたてかた

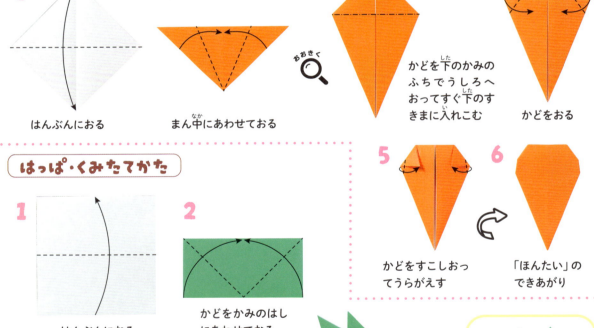

5. かどをすこしおってうらがえす
6. 「ほんたい」のできあがり

1. はんぶんにおる
2. かどをかみのはしにあわせておる

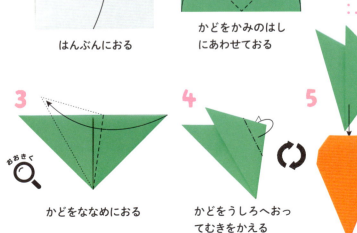

3. かどをななめにおる
4. かどをうしろへおってむきをかえる
5. 「ほんたい」のすきまに「はっぱ」をさしこんではる

できあがり！

もようをかく

» p.57

やおやさん
だいこん

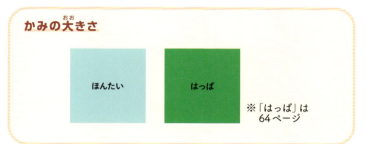

かみの大きさ

ほんたい　はっぱ

※「はっぱ」は64ページ

ほんたい・くみたてかた　たてはんぶんにおりすじをつけておく

1

かどとかどをあわせてはんぶんにおって、てんせんぶぶんだけにおりすじをつける

2

かどをちゅうしんにあわせておる

3

まん中にあわせておる

4

かどをまん中にあわせておってうらがえす

5
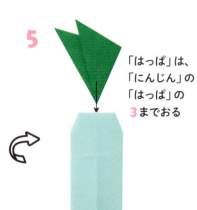

「はっぱ」は、「にんじん」の「はっぱ」の 3 までおる

「ほんたい」のすきまに「はっぱ」をさしこんではる

できあがり!

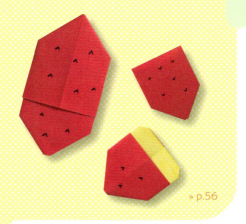

» p.56

やおやさん
さつまいも

 かんたん

かみの大きさ

じっさいには「パーツA」と「パーツB」はおなじいろのかみでつくります

パーツA　パーツB

パーツA　たてはんぶんにおりすじをつけておく

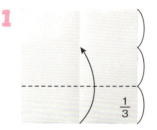  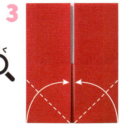 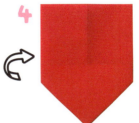

1. てんせんでおる
2. まん中にすこしすきまがあくようにおる
3. かどをかみのはしにあわせておってうらがえす
4. 「パーツA」のできあがり

パーツB　たてはんぶんにおりすじをつけておく

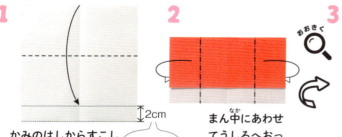

1. かみのはしからすこしあけておる
   （15cmのおりがみのばあい、2cmくらい）
2. まん中にあわせてうしろへおってうらがえす
3. かどをまん中からすこしはなしたところにあわせておる
4. かどをおってうらがえす

5. きいろにぬる

さしこみぐあいをかえると、いものながさがかわるよ

「パーツB」のできあがり。「パーツA」にさしこむ

できあがり！

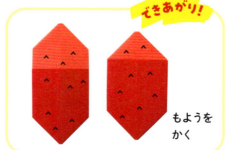

もようをかく

わると中からほくほくのおいもが出てくるよ！

» p.57

やおやさん
かぼちゃ

かんたん

かみの大きさ
かぼちゃ

✳ たてはんぶんにおりすじをつけておく

1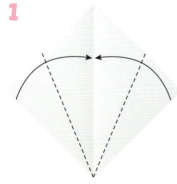
まん中にあわせておる

2
かどを○にあわせておる

3
かどが上から出るようにうしろへおる

4
かどを上のかみのふちにあわせておる

5
かみのふちからすこしはなしたところでおりかえす

6
かどをすこしおってうらがえす

シンデレラの「かぼちゃのばしゃ」(p.127)にもなるよ！

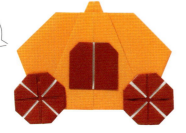

できあがり！

67

part 1 フードコート

今日の気分はごはんかな？　それともパン？
お客さんの注文を聞いて、おいしいごはんをつくってあげてね！

ごはんいろいろ
つくりかた ▶ 72〜73ページ

おすしやさん
つくりかた ▶ 77〜79ページ

ハンバーガーセット
つくりかた ▶ 70〜71ページ
サイズひょう ▶ 76ページ

Enjoy!

モーニングセット
つくりかた ▶ 73〜76ページ

69

フードコート

ハンバーガーセット

 ふつう

》p.69

フライドポテト ふくろ　たてよこはんぶんにおりすじをつけておく

1
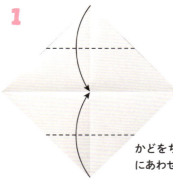
かどをちゅうしんにあわせておる

2

はんぶんにおる

3

かどをまん中からすこしはみ出しておる

4
 おおきく

右もおなじようにかどをおってすきまにさしこむ

5

さしこんだところ。うらがえす

6

「ふくろ」のできあがり

ポテト

1
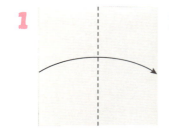
はんぶんにおる

2
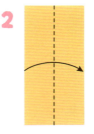
はんぶんにおる

3

「ポテト」のできあがり。おなじものを6〜7本つくる

できあがり！
「ふくろ」に「ポテト」をさしこむ

70

ハンバーガー ハンバーグ・トマト・バンズ

たてよこはんぶんにおりすじをつけておく

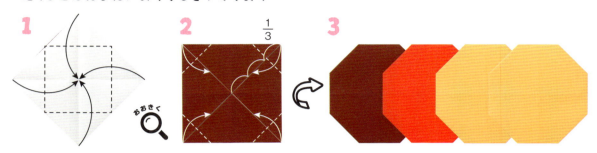

1. かどをちゅうしんにあわせておる
2. ちゅうしんまで3ぶんの1よりすこしそとがわでかどをおる
3. 「ハンバーグ」と「トマト」は1つ、「バンズ」は2つつくる

チーズ
たてよこはんぶんにおりすじをつけておく

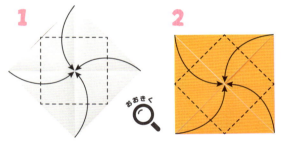

1. かどをちゅうしんにあわせておる
2. かどをちゅうしんにあわせておってうらがえす
3. 「チーズ」のできあがり

くみたてかた

すこしずつずらしてじゅんばんにかさねてはる

レタス
たてはんぶんにおりすじをつけておく

1. はんぶんにおる
2. かどをななめにおる
3. 「レタス」のできあがり

できあがり！

ごはん／パン

おにぎり
たてよこはんぶんにおりすじをつけておく

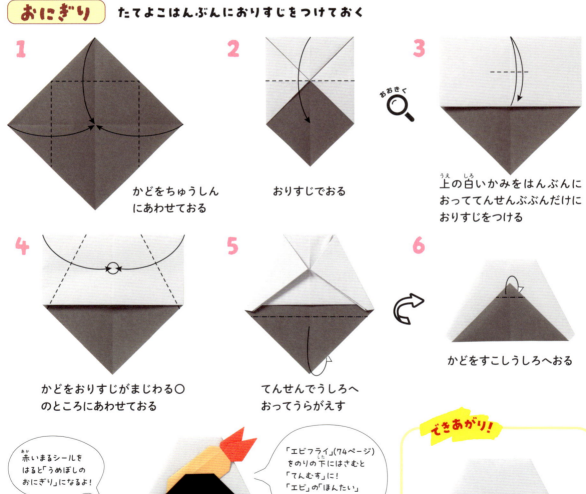

1 かどをちゅうしんにあわせておる

2 おりすじでおる

3 上の白いかみをはんぶんにおっててんせんぶんだけにおりすじをつける

4 かどをおりすじがまじわる○のところにあわせておる

5 てんせんでうしろへおってうらがえす

6 かどをすこしうしろへおる

赤いまるシールをはると「うめぼしのおにぎり」になるよ！

「エビフライ」(74ページ)をのりの下にはさむと「てんむす」に！「エビ」の「ほんたい」を4ぶんの1サイズでつくります

できあがり！

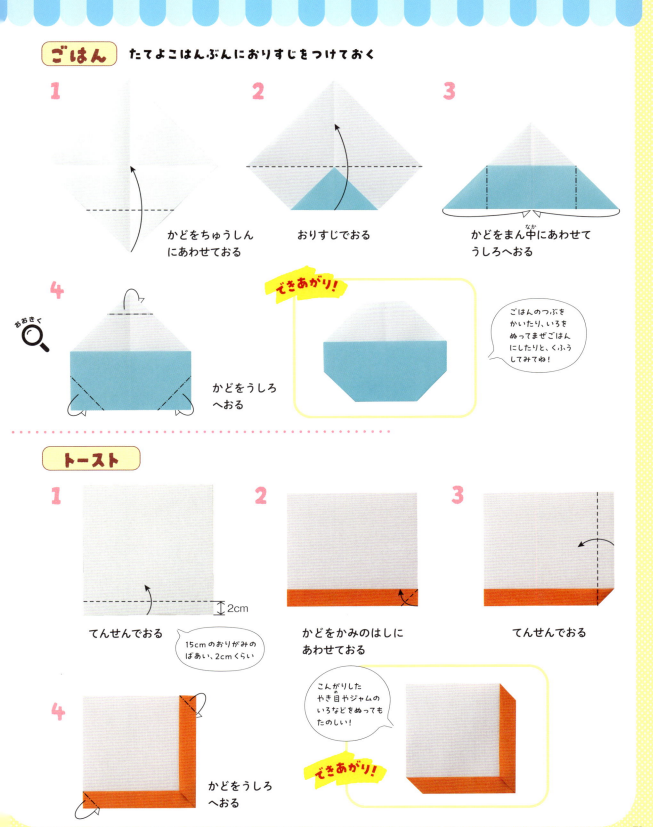

ふつう

エビフライ

フードコート

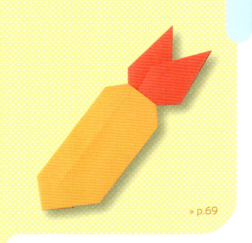
» p.69

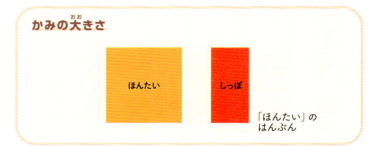
かみの大きさ

ほんたい / しっぽ

「ほんたい」のはんぶん

しっぽ

1
はんぶんにおる

2
かどをまえとうしろへおる

3
すこしななめにおる

4
かどをうしろへおる

5
「しっぽ」のできあがり

ほんたい・くみたてかた
たてはんぶんにおりすじをつけておく

1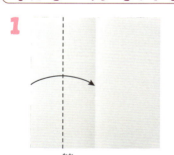
まん中にあわせておる

2
かみのはしとはしをあわせておる

3
かどをかみのふちにあわせておる

4
かどをおる

5
かどをおってうらがえす

6
「ほんたい」のできあがり。「しっぽ」を「ほんたい」のすきまにさしこんではる

できあがり！

» p.69

フードコート

めだまやき

ふつう

かみの大きさ
めだまやき

1
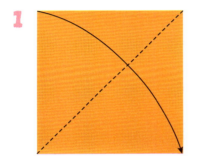
はんぶんにおる

2

2まいいっしょに、かどをかみの
ふちからすこしはなしておる

3
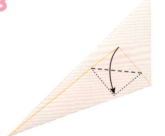
上の1まいのかど
をおる

4
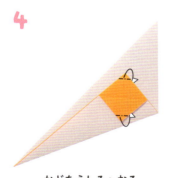
かどをうしろへおる

5
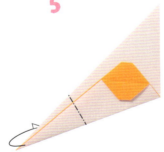
かどをうしろへ
おってうらがえす

6
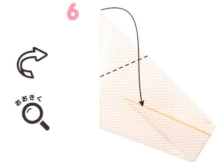
かどをおってかどの
すきまにさしこむ

7

うらがえす

できあがり！

さら

ふつう

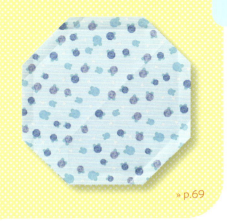
» p.69

かみの大きさ

さら

★ たてよこはんぶんにおりすじをつけておく

1　3cm　かどをうしろへおる
15cmのおりがみのばあい、3cmくらい

2　てんせんでおってすこしりったいにする
15cmのおりがみのばあい、ふちから1cmくらい

できあがり！

「ハンバーガーセット」「モーニングセット」(69ページ) サイズひょう

フライドポテト（p.70）
ふくろ：15cm×15cm
ポテト：7.5cm×7.5cm

めだまやき（p.75）
15cm×15cm

さら
15cm×15cm

エビフライ（p.74）
ほんたい：7.5cm×7.5cm
しっぽ：7.5cm×3.75cm

ハンバーガー（p.70）
バンズ：15cm×15cm、2まい
ハンバーグ：15cm×15cm
トマト：15cm×15cm
チーズ：15cm×15cm
レタス：15cm×15cm

ファストフードショップのてんいんさん
ツインテール：7.5cm×15cm（p.89）
かお：7.5cm×7.5cm（p.88）
キャップ：7.5cm×7.5cm（p.85）
からだ：7.5cm×15cm（p.98）
　　　白いめんからおる
うで：7.5cm×7.5cm
　　　いろのめんからおる

トースト（p.73）
15cm×15cm

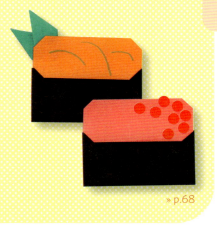

» p.68

おすしやさん
ぐんかんまき

 ふつう

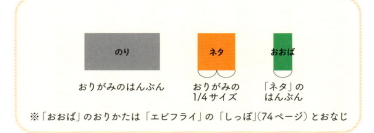

のり	ネタ	おおば
おりがみのはんぶん	おりがみの1/4サイズ	「ネタ」のはんぶん

※「おおば」のおりかたは「エビフライ」の「しっぽ」(74ページ)とおなじ

のり　たてはんぶんにおりすじをつけておく

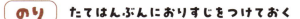

1 はんぶんにおる

2 まん中にすこしすきまがあくようにおる

3 うらがえす

4 「のり」のできあがり

ネタ・くみたてかた

1 はんぶんにおる

2 上の1まいをてんせんでおる

3 かどをうしろへおる

4 「のり」のすきまに「ネタ」の下のかみをさしこむ

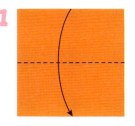

赤いまるシールをはると「イクラのぐんかん」に!

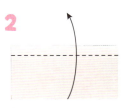

ねぎとろ

「おおば」をうしろにそえてもおいしそう!(つくりかたは「エビフライ」(74ページ)の「しっぽ」とおなじ)

かにみそ

「ネタ」のいろをかえて、すきな「ぐんかんまき」をつくりましょう

ネタがオレンジいろなら「うに」のぐんかんに!

できあがり!

おすしやさん
にぎりずし

ふつう

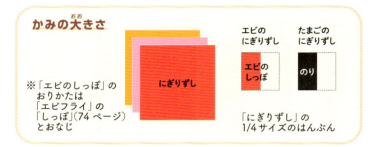

かみの大きさ
※「エビのしっぽ」のおりかたは「エビフライ」の「しっぽ」(74ページ)とおなじ

にぎりずし | エビのしっぽ | のり
「にぎりずし」の1/4サイズのはんぶん

にぎりずし
たてよこはんぶんにおりすじをつけておく

1 まん中にあわせておる

2 うしろへはんぶんにおる

3 まん中にあわせてうしろへおってうらがえす

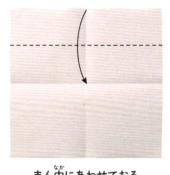
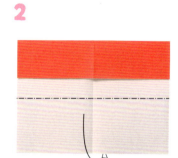
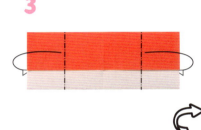

4 ↑からすきまをひらいてつぶす（おおきく）

5 つぶしているところ

6 かどをおる

7 かどをおってうらがえす

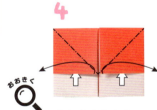

エビのにぎりずし
「にぎりずし」と「エビのしっぽ」をピンクのかみでつくる

「エビのしっぽ」(「エビフライ」の「しっぽ」・74ページ)を「にぎりずし」のうしろにはる

できあがり！
もようをかく

できあがり！
もようをかく

赤でつくるとマグロに、オレンジならサーモン、白ならイカなど、いろいろなおすしができるよ！

78

おすしやさん
ほそまき

ふつう

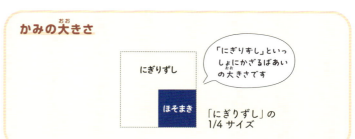

※ たてよこはんぶんにおりすじをつけておく

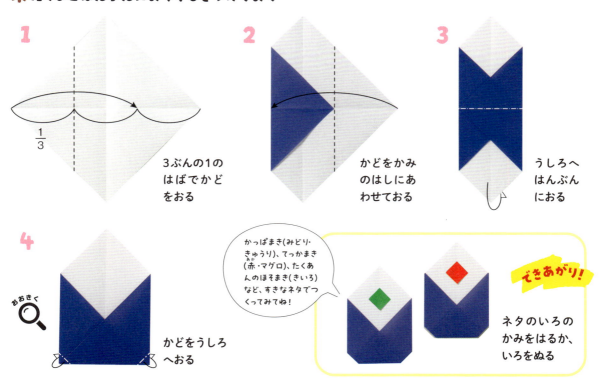

たまごのにぎりずし

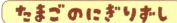

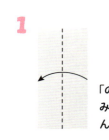

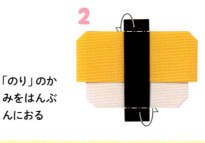

part 1 ファッションショップ

すきな色やがらの紙で、すてきな洋服やざっかのお店をつくりましょう。きせかえあそびは、洋服だけでなく、かみがたもたくさんの中からえらべます！

ようふくやさん

つくりかた ▶ 82〜87ページ
サイズひょう ▶ 85ページ

ヘアサロン
つくりかた ▶ 88〜96ページ

きせかえあそび
つくりかた ▶ 97〜105ページ

» p.80

ようふくやさん

Tシャツ

かんたん

かみの大きさ

Tシャツ　　えりつきのTシャツ

T(ティー)シャツ　たてよこはんぶんにおりすじをつけておく

1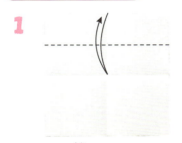
まん中にあわせておりすじをつける

2
かみのはしをおりすじにあわせておる

3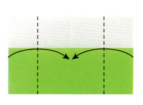
まん中にあわせておる

4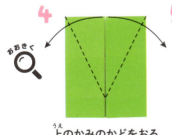
おおきく
上のかみのかどをおる

5
かどをすこしおる

6
はんぶんにおる

7
ふとせんをきってうしろのかみをひらく

えりつきのT(ティー)シャツ

ふとせんをきり、かどをうしろへおってうらがえす

「Tシャツ」の5までおってからはじめる

できあがり！

できあがり！

82

» p.80

ようふくやさん
ワンピース

かんたん

かみの大きさ

ワンピース

✳ たてよこはんぶんにおりすじをつけておく

1

まん中にあわせておる

2
上のかみのかどをおる

3
○のかどをかみのふちにあわせておる

4

かどをすこしおって うらがえす

5

ふとせんをきって かどをおる

できあがり！

もようのあるかみでおったり、がらをかいたりして、さらにかわいくしよう！

83

» p.80

ようふくやさん
ぼうし

 ふつう

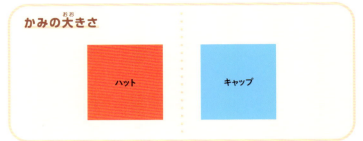

かみの大きさ　ハット　キャップ

ハット　たてはんぶんにおりすじをつけておく

1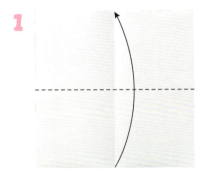
はんぶんにおる

2
はんぶんにおっておりすじをつける

3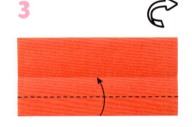
かみのふちをおりすじにあわせておってうらがえす

4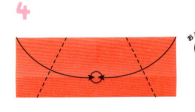
かどを○にあわせておる

5
おおきく　 ▷◁ からすきまをひらいてつぶす

6
つぶしているところ

7
かどをおってうらがえす

できあがり！

ほそくきったかみをはってもかわいい！

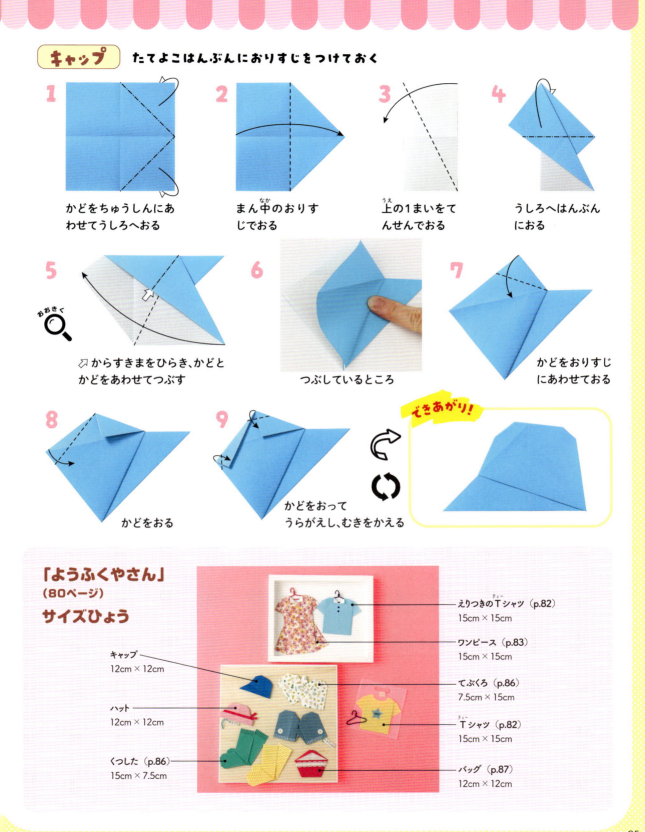

» p.80

ようふくやさん

くつした／てぶくろ

かんたん

かみの大きさ

くつした　おりがみのはんぶん

てぶくろ　左手／右手　おりがみのはんぶん

左右のてぶくろを見やすいようにいろをかえています

くつした

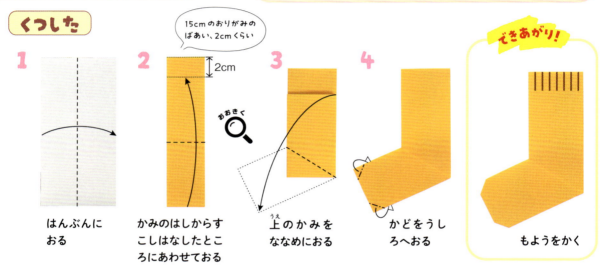

1 はんぶんにおる
2 かみのはしからすこしはなしたところにあわせておる（15cmのおりがみのばあい、2cmくらい）
3 上のかみをななめにおる
4 かどをうしろへおる
できあがり！ もようをかく

てぶくろ　たてはんぶんにおりすじをつけておく

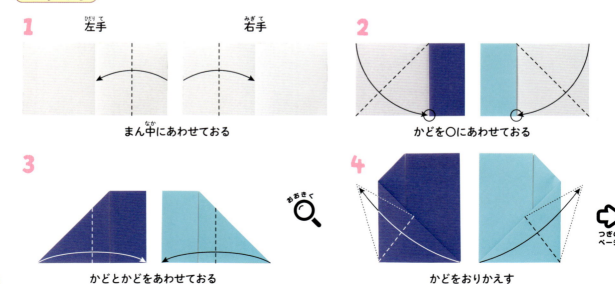

1 左手／右手　まん中にあわせておる
2 かどを○にあわせておる
3 かどとかどをあわせておる
4 かどをおりかえす
つぎのページ

バッグ

» p.80

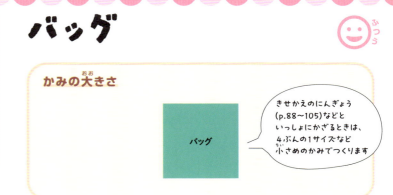

かみの大きさ

きせかえのにんぎょう (p.88〜105) などといっしょにかざるときは、4ぶんの1サイズなど小さめのかみでつくります

❋ たてよこはんぶんにおりすじをつけておく

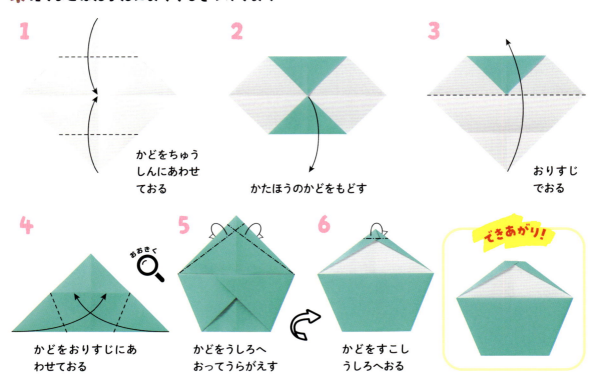

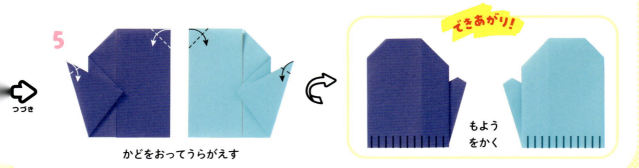

» p.81

ヘアサロン
かお／ツインテール

 ふつう

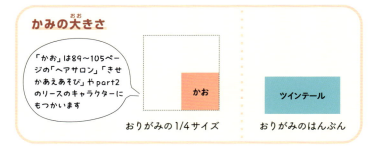

かみの大きさ

「かお」は89〜105ページの「ヘアサロン」「きせかえあそび」やpart2のリースのキャラクターにもつかいます

かお　おりがみの1/4サイズ
ツインテール　おりがみのはんぶん

かお　たてよこはんぶんにおりすじをつけておく

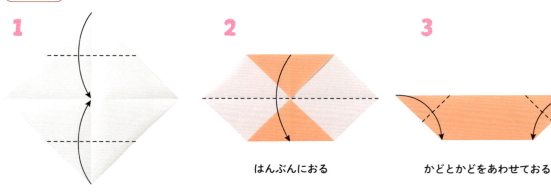

1 かどをちゅうしんにあわせておる
2 はんぶんにおる
3 かどとかどをあわせておる

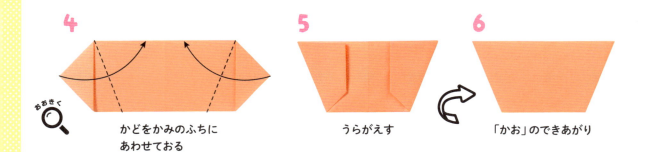

4 かどをかみのふちにあわせておる（おおきく）
5 うらがえす
6 「かお」のできあがり

ひめロングのかお　「かお」のできあがりからはじめる

1 かどをすこしうしろへおる
2 「ひめロングのかお」のできあがり

「ひめロング」（95ページ）のかおとしてつかいます

88

ツインテール　たてはんぶんにおりすじをつけておく。「かお」をおっておく

1
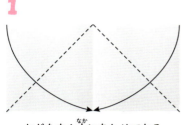
かどをまん中にあわせておる

2
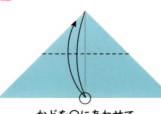
かどを○にあわせておりすじをつける

3
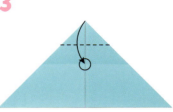
かどを○にあわせておる

4

「かお」をかみのはしにあわせてはってから、おりすじでおる

5

てんせんでおる

6

「かお」のふちにそってうしろへおってからうらがえす

7
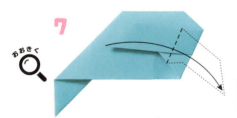
かどがそとに出るようにおりかえす

8

うらの「かお」のかみのふちにそっててんせんでおる

9
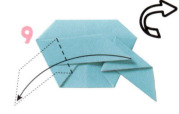
かどがそとに出るようにおりかえしてうらがえす

「ヘアサロン」のいろいろなかみがたと、97～105ページのからだやようふくをくみあわせると、きせかえあそびができるよ！

できあがり！

かおをかく

89

» p.81

ヘアサロン
ショート＆ミディアムヘア①

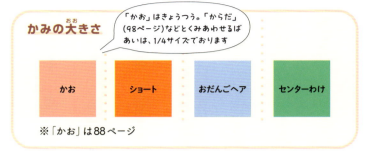

かみの大きさ

「かお」はきょうつう。「からだ」(98ページ)などとくみあわせるばあいは、1/4サイズでおります

| かお | ショート | おだんごヘア | センターわけ |

※「かお」は88ページ

ショート　たてよこはんぶんにおりすじをつけておく

1

かどをちゅうしんにあわせておる

2
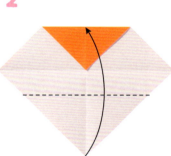
かどをかみのはしにあわせておる

3

かどをちゅうしんにあわせておる

4

うらがえす

5

かどを〇にあわせておる

6

かどを〇にあわせておってうらがえす

7
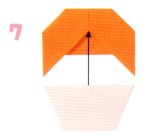
「かお」(88ページ)をつくってさしこむ

かおをかく
できあがり！

どんなかみのいろにしようかな!?

おだんごヘア 「ショート」の5までおってからはじめる

1. かどをかみのふちからすこし下でおりかえす
2. かどをすこしおってうらがえす
3. 「かお」をつくってさしこむ
4. 「かお」のふちにそってうしろへおる

できあがり！ かおをかく

「おだんごヘア」はショートヘアではありませんが、おりかたが「ショート」のアレンジなので、ここでしょうかいしています

センターわけ 「ショート」の2までおってからはじめる

1. かどをおる
2. かどをちゅうしんにあわせておる
3. うらがえす（おおきく）
4. かどを○にあわせておる
5. かどをおってうらがえす
6. 「かお」（88ページ）をつくってさしこむ

できあがり！ かおをかく

91

ヘアサロン
ショート＆ミディアムヘア②

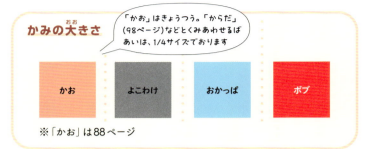

かみの大きさ

「かお」はきょうつう。「からだ」(98ページ)などとくみあわせるばあいは、1/4サイズでおります

| かお | よこわけ | おかっぱ | ボブ |

※「かお」は88ページ

よこわけ　たてよこはんぶんにおりすじをつけておく

おかっぱ たてよこはんぶんにおりすじをつけておく

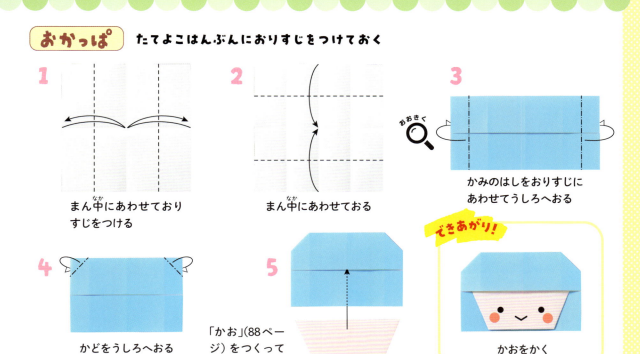

ボブ 「よこわけ」の1までおってからはじめる

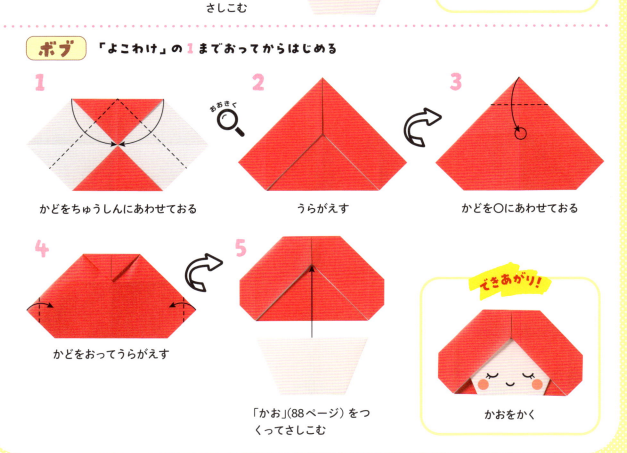

» p.81

ヘアサロン
ロングヘア

 ふつう

かみの大きさ

おりがみの1/4サイズ かお	ロング	ひめロング
※「かお」は88ページ	おりがみのはんぶん	おりがみのはんぶん

ロング たてはんぶんにおりすじをつけておく

1
まん中にあわせておりすじをつける

2
かどをまん中にあわせておる

3
かみのあわせ目からすこしはなしたところにあわせておる

4
かみのはしをおりすじにあわせておる

5
おおきく
かどを○にあわせておる

6
てんせんでおる

7
かどをうしろへおる

8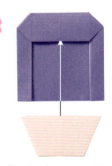
「かお」(88ページ)をつくってさしこむ

できあがり！
かおをかく

94

ひめロング　たてよこはんぶんにおりすじをつけておく

1
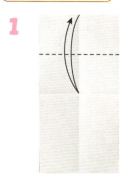
かどをちゅうしんにあわせておりすじをつける

2

かどをおる

1.5cm

15cmのおりがみのばあい、1.5cmずつ

3

かみのふちをまん中にあわせておる

4

かどを〇にあわせてうしろにおる

5

かどとかどをあわせておる

6

てんせんでおっておりすじをつける

7

上の1まいをついているおりすじでうちがわへおる

8

「ひめロングのかお」（88ページ）をつくってさしこむ

9

ついているおりすじでおる

かおをかく

できあがり！

おだんごつきアレンジ　「ひめロング」のできあがりをうらがえしてはじめる

1
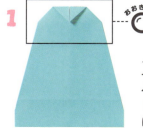
上のちいさなさんかくのぶぶんだけふとせんをきり、かどがそとに出るようにななめにおる

2

かどをすこしおってうらがえす

3

「おだんごつきアレンジ」のできあがり

» p.81

ヘアサロン
リボン

かんたん

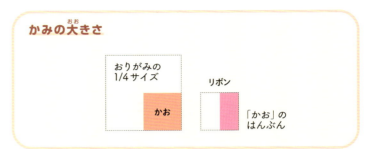

✻ たてはんぶんにおりすじをつけておく

1 かどをまん中にあわせておる

2 はんぶんにおる

3 かどがおなじたかさになるようにおる

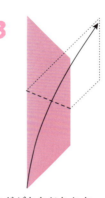

できあがり！

おってあそぼう！
きせかえにんぎょうで推しグループをつくろう！

「ヘアサロン」「きせかえあそび」(p.88〜105)

きせかえあそびのにんぎょうで、すきなアイドルグループをつくるのもたのしいですね。

推しカラーでとういつするなど、くふうしてみて！

みどり！ むらさき！ オレンジ！

part2の「しらゆきひめ」(129ページ)などでもつかいます

あたまのうしろにはる

96

» p.81

ズボン

 ふつう

かみの大きさ

ズボン　おりがみのはんぶん

✳ たてはんぶんにおりすじをつけておく

1　まん中にあわせてうしろにおっておりすじをつける

2　おりすじをつまみ、まん中にひきよせておる

おおきく

3　上の1まいをめくるようにおる

15cmのおりがみのばあい、1cmくらい

4　上の1まいのかどをおる

5　3でめくったかみをもどす

6　上の1まいをめくるようにおる

7　かどをおる

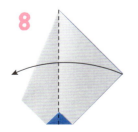

8　6でめくったかみをもどす

9　下のかみのふちにそって上のかみをうしろへおる

10　てんせんでうしろへおる

できあがり！

» p.81

きせかえあそび
からだ

かみの大きさ

からだ　おりがみのはんぶん

うで　おりがみの1/4サイズ

からだ　たてはんぶんにおりすじをつけておく

1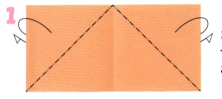
まん中にあわせてうしろにおっておりすじをつける

2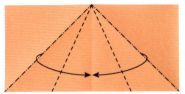
おりすじをつまみ、まん中にひきよせてとおる

3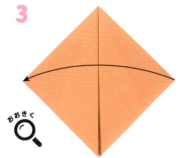
上の1まいをめくるようにおる

4
上の1まいのかどをまん中にあわせておる

5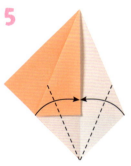
かどをおりすじにあわせておる

6
↗からすきまをひらいて〇のかどが◯にあうところでつぶしておる

7
つぶしているところ

8
上のかみのかどをおる

「ヘンゼルとグレーテル」p.134など、子どもらしく足をみじかくしたいばあいは、かどを〇にあわせております

9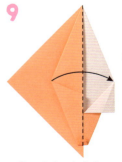
つぎのページ
3でめくったかみをもどす

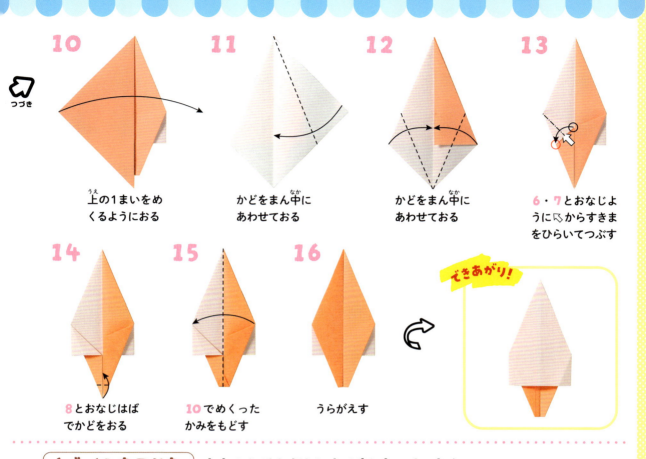

10 上の1まいをめくるようにおる

11 かどをまん中にあわせておる

12 かどをまん中にあわせておる

13 6・7とおなじように⇗からすきまをひらいてつぶす

14 8とおなじはばでかどをおる

15 10でめくったかみをもどす

16 うらがえす

できあがり!

うで・くみたてかた　ななめにはんぶんにおりすじをつけておく

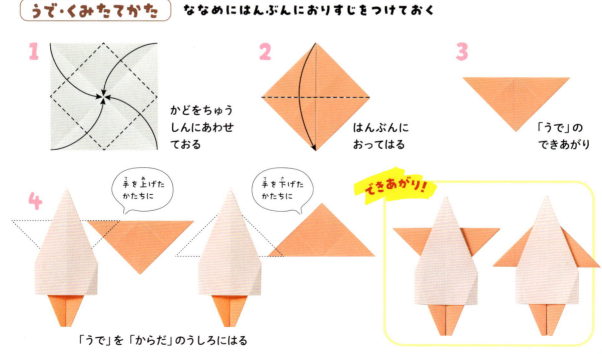

1 かどをちゅうしんにあわせておる

2 はんぶんにおってはる

3 「うで」のできあがり

4 手を上げたかたちに／手を下げたかたちに

「うで」を「からだ」のうしろにはる

できあがり!

» p.81

きせかえあそび
ながそでのうわぎ

 ふつう

かみの大きさ
- えりなしのうわぎ　おりがみのはんぶん
- からだ　おりがみのはんぶん
- えりつきのうわぎ　おりがみのはんぶん

えりなしのうわぎ
たてはんぶんにおりすじをつけておく

1 かどをまん中にあわせておる

2 かどとかどをあわせておってんせんぶぶんだけにおりすじをつける

3 かどを○にあわせておりすじをつける

4 かどを○にあわせておる

5 かどがそとに出るようにかどの下のふちをあわせておりかえす

6 かどを○にあわせておる

7 ついているおりすじでおる

8 かどがそとに出るようにかどの下のふちをあわせておりかえす

9 かどを○にあわせておる

10 かどをおる

11 おったさんかくぶぶんを左右のかみの下に入れる

つぎのページ

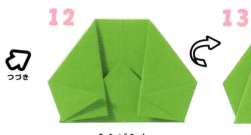
12 うらがえす

13 かどをうしろへおる

できあがり!

えりつきのうわぎ
たてはんぶんに
おりすじをつけておく

1 かどをまん中にあわせてうしろへおる

2 「えりなしのうわぎ」の2〜12とおなじようにおる

3 上の1まいのかどをかみのふちにあわせておる

4 かどをすこしうしろへおる

できあがり!

きせかた

1 「からだ」や「ズボン」(97〜99ページ)を「うわぎ」のすきまにさしこんでかどを出す

2 すきなヘアスタイルのあたまをつくり、「かお」のすきまに「からだ」や「ズボン」のかどをさしこむ

きがえたよ!

101

» p.81

きせかえあそび
ワンピース

 かんたん

かみの大きさ		
	かお	
からだ	うで	ワンピース
おりがみの はんぶん	おりがみの1/4サイズ	

✹ たてはんぶんにおりすじをつけておく

1

かどをまん中にあわせておる

2

○のかどからずらしたところと、★のかどをむすぶせんでおってもどし、おったところを立たせる

3

うらがえす

できあがり！

きせかた

1
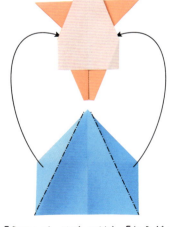

「うで」パーツをつけた「からだ」のすきまに「ワンピース」のかどをさしこんでおる

2

すきなヘアスタイルのあたまをつくり、「かお」のすきまに「からだ」のかどをさしこむ

きがえたよ！

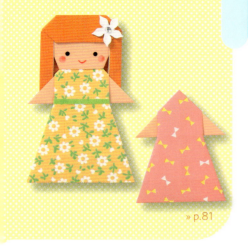

» p.81

きせかえあそび
ドレス

ふつう

かみの大きさ

おりがみの1/4サイズ：かお、うで
ドレス：おりがみのはんぶん

※「うで」は99ページ

✱ たてよこはんぶんにおりすじをつけておく

1

まん中にあわせておりすじをつける

2

かみのはしをおりすじにあわせておる

3

まん中にあわせておっておりすじをつける

4

下のかみをふとせんできっておりすじでおる

5
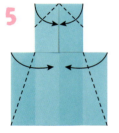
かどをてんせんでおる

6

「うで」(99ページ)をつくってさしこむ

7
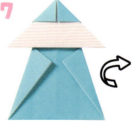
うらがえす

できあがり！

きせかた

すきなヘアスタイルのあたまをつくる

「かお」のすきまに「ドレス」のかどをさしこむ

きがえたよ！

2しょくアレンジ

「しらゆきひめ」(129ページ)でつかいます

2のたにおりを山おりにしてうしろへおり、3からおなじようにおると2しょくのドレスになる

103

» p.81

きせかえあそび
きもの

ふつう

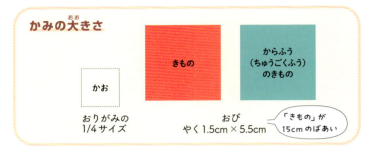

かみの大きさ
かお / きもの / からふう（ちゅうごくふう）のきもの
おりがみの1/4サイズ
おび やく1.5cm×5.5cm
「きもの」が15cmのばあい

✱ たてはんぶんにおりすじをつけておく

1
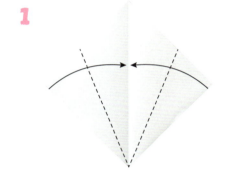

かどをまん中にあわせておる

2

かどをおる

3
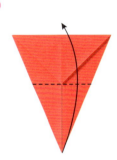

かどをおる

4
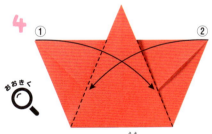

①②のじゅんに上のさんかくのふちにそってかどをおる

おおきく

5

上のかみのかどをなめにおる

6
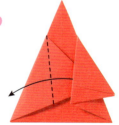

左もかくどをそろえてかどをおる

7

5でおったところをもどす

8

かどをまん中よりすこしてまえにあわせておる

9
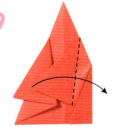

ついているおりすじでおりかえす

つぎのページ

104

10

6でおったところをもどす

11

かどをまん中よりすこしてまえにあわせておる

12

ついているおりすじでおりかえす

13

うらがえす

14
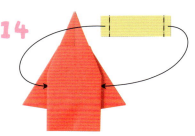

「おび」のかみを「きもの」のからだのはばにあわせておってすきまにさしこむ

できあがり！

きもののえりをかく

きせかた

すきなヘアスタイルのあたまをつくり、「かお」のすきまに「きもの」のかどをさしこむ

きがえたよ！

からふう（ちゅうごくふう）のきもの

「きもの」の6までおってからはじめる

うらがえす

できあがり！

「うらしまたろう」の「おとひめ」（152ページ）でつかいます

105

Part 1 おはなやさん・ファンシーショップ

たくさんつくってならべるとすてきなお店になります。
家族やお友だちにきれいなお花や
アクセサリーをプレゼントするのもいいですね！

おはなやさん
つくりかた ▶ 108〜112ページ

コスメ&アクセサリーショップ

つくりかた ▶ 114～121ページ
サイズひょう ▶ 120ページ

107

» p.106

おはなやさん
デイジー

 ふつう

かみの大きさ

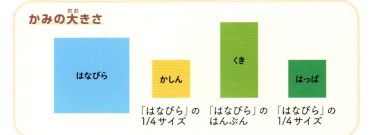

- はなびら
- かしん —「はなびら」の 1/4サイズ
- くき —「はなびら」の はんぶん
- はっぱ —「はなびら」の 1/4サイズ

はな〔かしん〕　ななめはんぶんにおりすじをつけておく

1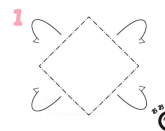
まん中にあわせて
うしろへおる

2
下のかみを出しな
がらふちをまん中
にあわせておる

3
下のかみを出しな
がらふちをまん中
にあわせておる

4
うらがえす

5
「かしん」の
できあがり

はな〔はなびら〕・くみたてかた　ななめにはんぶんにおりすじをつけておく

1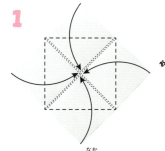
かどをまん中からす
こしはなしたところ
にあわせておる

2
うらがえす

3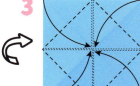
かどをまん中からす
こしはなしたところ
にあわせておる

4
てんせんで
うしろへおる

5
「かしん」のすきまに
「はなびら」のかどをさしこむ

6
さしこんでいるところ

7
「はな」のできあがり

108

はっぱ　たてよこはんぶんにおりすじをつけておく

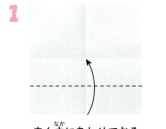
1 まん中にあわせておる

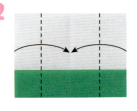
2 まん中にあわせておる

3 かどをまん中にあわせておってうらがえす

4 「はっぱ」のできあがり

くき

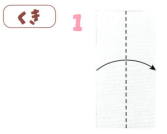
1 はんぶんにおる

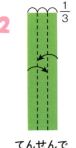
2 てんせんでおる

3 「くき」のできあがり

できあがり！
「くき」に「はな」と「はっぱ」をはる

おってあそぼう！

1りんブーケをプレゼントしよう

おはなをおりがみでラッピングをして1りんブーケをつくりましょう。ならべておはなやさんごっこをしたり、きれいなもようのかみでつくってプレゼントしたりしてもいいですね。

ラッピング　たてはんぶんにおりすじをつけておく

1 かどをまん中にあわせておりすじをつける
2 かどをおりすじにあわせておる
3 かみのふちとふちをあわせておる
4 「ラッピング」のできあがり

おはなをさしたら「1りんブーケ」に！

おはなやさん

チューリップ

» p.106

かみの大きさ

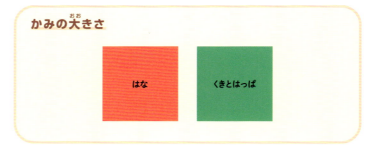

はな　　くきとはっぱ

 はな　たてはんぶんにおりすじをつけておく

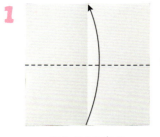

1 はんぶんにおる

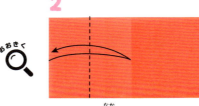

2 まん中にあわせておりすじをつける

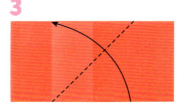

3 かみのふちをおりすじにあわせておる

4 かどとかどをつなぐせんでうしろへおってむきをかえる

5 かどをうしろへおる

6 「はな」のできあがり

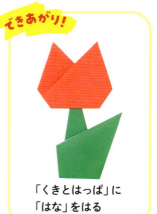

できあがり！

「くきとはっぱ」に「はな」をはる

くきとはっぱ　たてはんぶんにおりすじをつけておく

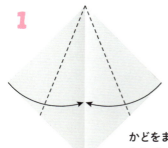

1 かどをまん中にあわせておる

2 はんぶんにおる

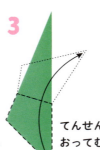

3 てんせんでおってむきをかえる

4 「くきとはっぱ」のできあがり

110

» p.106

おはなやさん

カーネーション

ふつう

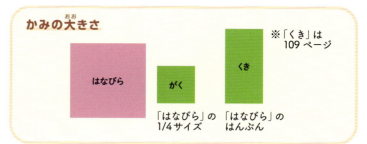

はなびら

1
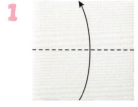
はんぶんにおる

 おおきく

2
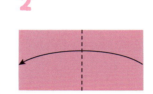
はんぶんにおる

3

⇨からすきまを
ひらいてつぶす

4

すきまをひらいた
ところ

5
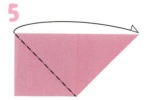
うらも3・4とおなじ
ようにひらいてつぶす

6
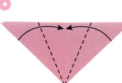
上のかみのふちをま
ん中にあわせておる

7
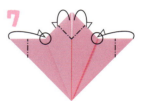
かどを○にあわせて
うしろへおる

8

「はなびら」の
できあがり

がく・くみたてかた

たてはんぶんにおりすじを
つけておく

1
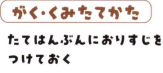
はんぶんにおる

2
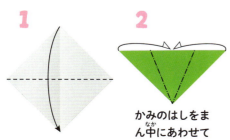
かみのはしをま
ん中にあわせて
うしろへおる

3
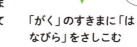
「がく」のすきまに「は
なびら」をさしこむ

4
うらをテープ
ではる

「はな」の
できあがり

できあがり！

「くき」(109ページ)
をつくり、「はな」を
はる

111

おはなやさん

ひまわり

» p.106

ふつう

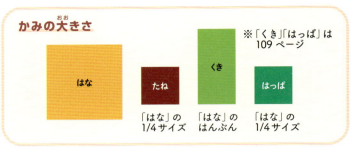
かみの大きさ
はな
たね 「はな」の1/4サイズ
くき 「はな」のはんぶん
はっぱ 「はな」の1/4サイズ
※「くき」「はっぱ」は109ページ

はな ななめにはんぶんにおりすじをつけておく

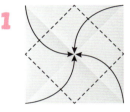
1 かどをちゅうしんにあわせておる

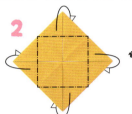
2 かどをちゅうしんにあわせてうしろへおる

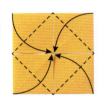
3 かどをちゅうしんにあわせておってうらがえす

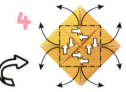
4 ⇩⇧⇨⇦からすきまをひらいてつぶす

5 つぶしているところ

6 うらがえす

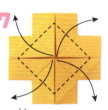
7 上のかみのかどをおる

8 ぜんぶのかどをすこしおってうらがえす

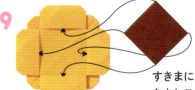
9 すきまに「たね」をさしこむ

10 「はな」のできあがり

できあがり！
「くき」「はっぱ」（109ページ）をつくり、「はな」をはる

たね たてよこはんぶんにおりすじをつけておく

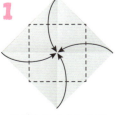
1 かどをちゅうしんにあわせておる

2 かどをちゅうしんにあわせておってうらがえす

3 「たね」のできあがり

おってあそぼう！

カミキィ本であそぶ おみせやさんごっこ

いろいろなしょうひんをつくえにならべて、おみせをひらきましょう。
「デジタルすうじ」をつかったプライスカードを立てるとほんかくてきに！

「おはなやさん」（本書p.108〜112）

ペロペロキャンディ（本書p.26〜27）

「アクセサリーショップ」（本書p.114〜117）

『贈り物おりがみ』デジタル数字（p.42）

あそびながらけいさんもできる！

ひとくふうで もっとおしゃれに！

お花やアクセサリーのおりがみを、もうひとくふうしてさらにおしゃれにへんしんさせてみましょう。

ひまわり（本書p.112）

ひまわりのペンダント
カラフルな「ひまわり」をひもにはるとペンダントになります。

はなかんむり
あたまのサイズにあわせてがようしでわっかをつくり、すきなおはなをはるとはなかんむりに！

『贈り物おりがみ』はっぱ（p.69）

イングリッシュローズ（本書p.138）

『贈り物おりがみ』ベゴニア（p.27）

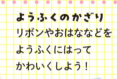

ようふくのかざり
リボンやおはななどをようふくにはってかわいくしよう！

デイジー（本書p.108）

2しょくリボン（本書p.116）

ハート（本書p.26）

デイジー（本書p.108）

2しょくリボン（本書p.116）

ヘアピン
すきなおりがみをヘアピンにつけてかみかざりにしましょう。

これまでのカミキィ本のタイトルは、下のようにみじかくしています。
『カミキィの〈気持ちが伝わる〉贈り物おりがみ』…『贈り物おりがみ』

アクセサリーショップ
ゆびわ

ゆびわ

1 はんぶんにおる

2 はんぶんにおる

3 りょうはしをちかづけて わっかにする

4 はしをもうかたほうのはしの すきまに入れてはる

ゆびのサイズに あうようにちょ うせつしてね

できあがり！

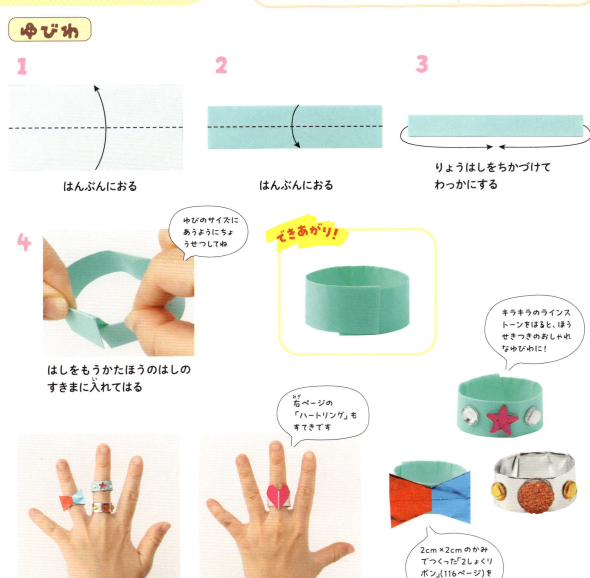

右ページの 「ハートリング」も すてきです

キラキラのラインス トーンをはると、ほう せきつきのおしゃれ なゆびわに！

2cm×2cmのかみ でつくった「2しょくリ ボン」(116ページ)を はってもかわいい！

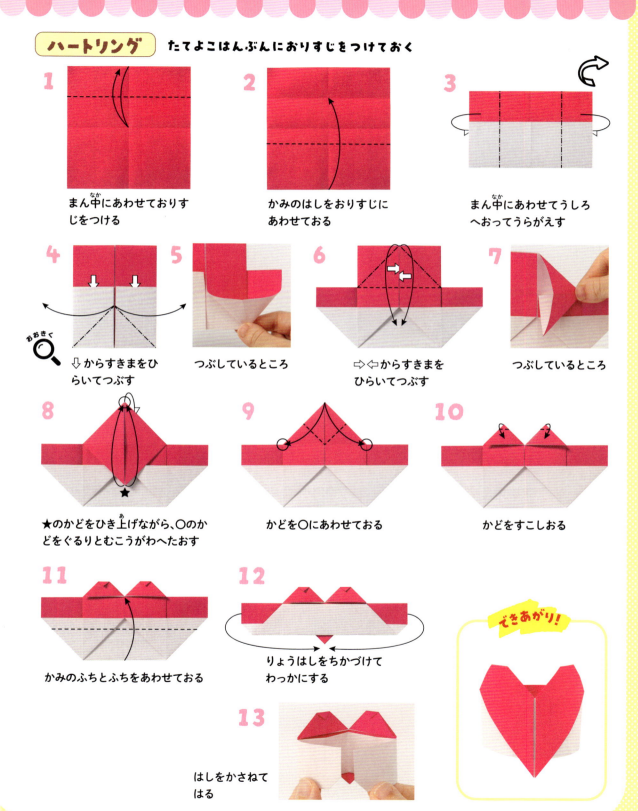

アクセサリーショップ

2しょくリボン

ふつう

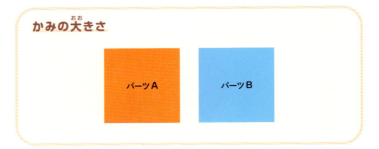

» p.107

かみの大きさ

パーツA　パーツB

パーツ（A・B）・くみたてかた
たてはんぶんにおりすじをつけておく

1
かどをまん中にあわせておる

2
かどをおる

3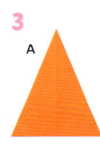
「パーツA」のできあがり。
「パーツB」は●にあわせてかどをおる

4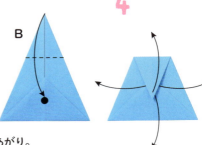
ぜんぶひらく

5
ついているおりすじでおる

6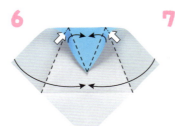
⇧⇧からすきまをひろげて
おりすじでたたみなおす

7
たたんでいるところ

8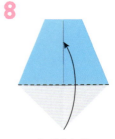
かどをおる

9
「パーツB」のできあがり

10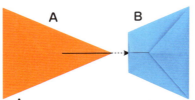
「ずのようにパーツをおく。「パーツ
B」のすきまに「パーツA」のかどを
さしこんではり、うらがえす

できあがり！

アクセサリーショップ
ブレスレット

 ふつう

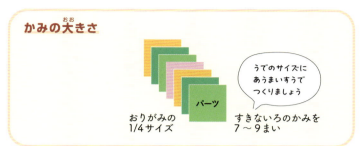

かみの大きさ

おりがみの1/4サイズ　パーツ

すきないろのかみを7～9まい

うでのサイズにあうまいすうでつくりましょう

» p.107

パーツ　よこはんぶんにおりすじをつけておく

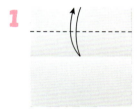

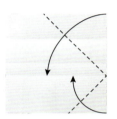
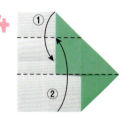

1 まん中にあわせておりすじをつける

2 かみのはしをおりすじにあわせておりすじをつける

3 かどをおりすじにあわせておる

4 ついているおりすじで①②のじゅんにおる

5 「パーツ」のできあがり。おなじものを7～9つつくる

くみたてかた　Aは4でおったところをもどしておく

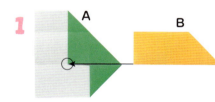
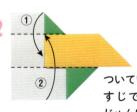

1 Bのかどを○にかさねる

2 ついているおりすじで①②のじゅんにおる

3 おったところ

4 のこりのパーツも1・2とおなじようにつなぐ

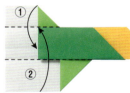

5 りょうはしをちかづけてわっかにする

6 かたほうのはしをもうかたほうのはしにさしこむ

できあがり！

» p.107

コスメショップ
コンパクト

ふつう

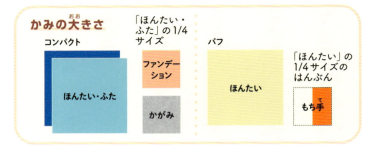

| コンパクト | ほんたい | たてはんぶんにおりすじをつけておく |

1
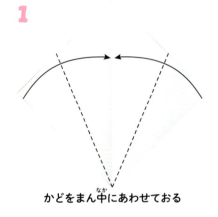
かどをまん中にあわせておる

2

かどを〇にあわせておる

3
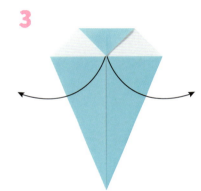
左右をひらく

4

かどを〇にあわせておる

5
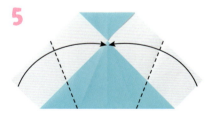
ついているおりすじでおる

6

てんせんでおる

7

かどを〇にあわせておって
はり、むきをかえる

8

「ほんたい」のできあがり

118

ふた 「ほんたい」の 2 までおってからはじめる

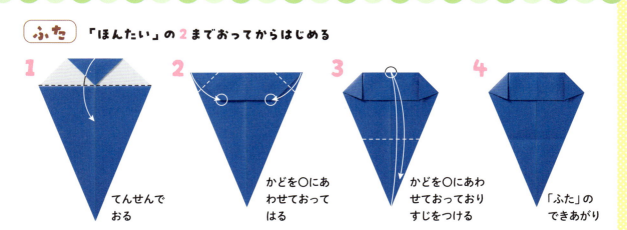

1. てんせんでおる
2. かどを○にあわせておってはる
3. かどを○にあわせておっておりすじをつける
4. 「ふた」のできあがり

ファンデーション・かがみ 「ほんたい」の 2 までおってからはじめる

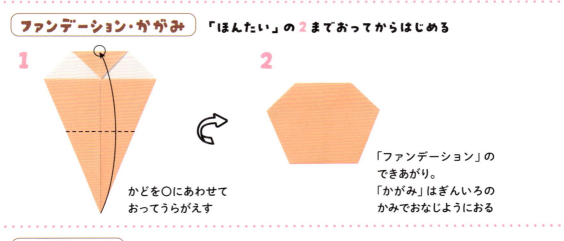

1. かどを○にあわせておってうらがえす
2. 「ファンデーション」のできあがり。「かがみ」はぎんいろのかみでおなじようにおる

くみたてかた

1. 「ほんたい」のすきまに「ふた」のかどをさしこむ
2. 「ファンデーション」と「かがみ」をはる
3. 「ふた」を立てるようにおりすじでおる

できあがり！

「パフ」のおりかたはつぎのページにあります

パフ

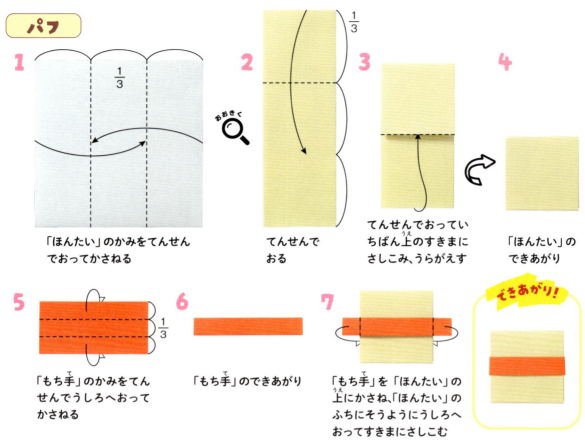

1. 「ほんたい」のかみをてんせんでおってかさねる
2. てんせんでおる
3. てんせんでおっていちばん上のすきまにさしこみ、うらがえす
4. 「ほんたい」のできあがり
5. 「もち手」のかみをてんせんでうしろへおってかさねる
6. 「もち手」のできあがり
7. 「もち手」を「ほんたい」の上にかさね、「ほんたい」のふちにそうようにうしろへおってすきまにさしこむ

「コスメ＆アクセサリーショップ」（107ページ）サイズひょう

ハートリング（p.115）
7.5cm × 7.5cm

ゆびわ（p.114）
ゆびわ：3.57cm × 7.5cm
2しょくリボン：2cm × 2cm、2まい

リップ（p.121）
ほんたい：7.5cm × 7.5cm
ふた：7.5cm × 7.5cm

ブレスレット（p.117）
7.5cm × 7.5cm、7〜9まい

2しょくリボン（p.116）
7.5cm × 7.5cm、2まい

コンパクト（p.118）
ほんたい：15cm × 15cm
ふた：15cm × 15cm
ファンデーション：7.5cm × 7.5cm
かがみ：7.5cm × 7.5cm

コスメショップ

リップ

ふつう

» p.107

かみの大きさ

1/4サイズのでおると、じっさいのリップくらいの大きさになるよ！

ふた ほんたい

ふた

1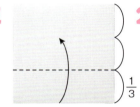
てんせんでおる

2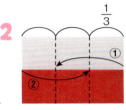
てんせんで①②のじゅんにおる

3
かどをおってうらがえす

4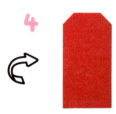
「ふた」のできあがり

ほんたい　たてよこはんぶんにおりすじをつけておく

1
まん中にあわせてうしろへおる

2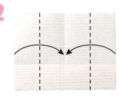
まん中にあわせておる

3
かどをおる

4
はんぶんにおる

5
「ほんたい」のできあがり

くみたてかた

「ふた」のすきまに「ほんたい」をさしこむ

できあがり！

がいこくの どうわリース -1

Guten Tag!

part1でしょうかいした「きせかえあそび」のキャラクターたちが王子さまやおひめさまに大変身！物語のシンボルになるようなグッズもつくって、かわいい童話の世界をつくりましょう。

おしろ (p.126)
ほんたい：15cm×15cm
ドア：7.5cm×7.5cm
はた：7.5cm×やく2cm

ガラスのくつ (p.125)
7.5cm×7.5cm

シンデレラ

シンデレラ (p.125)
おだんごヘア：7.5cm×7.5cm
かお：7.5cm×7.5cm
ドレス：15cm×7.5cm
うで：7.5cm×7.5cm

王子さま (p.124)
よこわけ：7.5cm×7.5cm
かお：7.5cm×7.5cm
かんむり：3.75cm×3.75cm
王子さまのからだ：7.5cm×15cm
うで：7.5cm×7.5cm
マント：7.5cm×7.5cm

かぼちゃのばしゃ (p.127)
かぼちゃ：15cm×15cm
まど：7.5cm×7.5cm
しゃりん：7.5cm×7.5cm、2まい

おてだまだいし (p.158)
15cm×15cm、4まい

まじょ (p.129)
フード：15cm×7.5cm
かお：7.5cm×7.5cm
からだ：7.5cm×7.5cm

りんご (p.59)
7.5cm×7.5cm

こびと (p.128)
7.5cm×7.5cm

しらゆきひめ

しらゆきひめ (p.129)
ボブ：7.5cm×7.5cm
リボン：7.5cm×3.75cm
かお：7.5cm×7.5cm
ドレス・2しょくアレンジ：15cm×7.5cm
うで：7.5cm×7.5cm

おてだまだいし (p.158)
15cm×15cm、4まい

ツインテール (p.89)
7.5cm×15cm

みずくさ (p.130)
7.5cm×7.5cm、3まい

にんぎょひめ

にんぎょ (p.131)
ひめロング：15cm×7.5cm
かお：7.5cm×7.5cm
からだ：7.5cm×7.5cm
うで：7.5cm×7.5cm

ロング (p.94)
15cm×7.5cm

さかな (p.130)
7.5cm×7.5cm

おてだまだいし (p.158)
15cm×15cm、4まい

123

シンデレラ

王子さま／シンデレラ

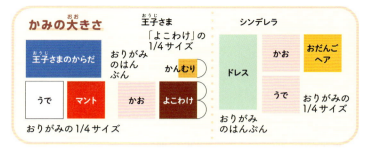

» p.122

王子さま　かんむり

たてはんぶんにおりすじをつけておく

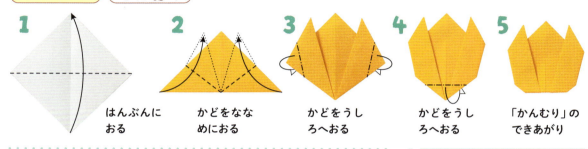

1. はんぶんにおる
2. かどをななめにおる
3. かどをうしろへおる
4. かどをうしろへおる
5. 「かんむり」のできあがり

マント

たてはんぶんにおりすじをつけておく

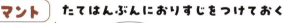
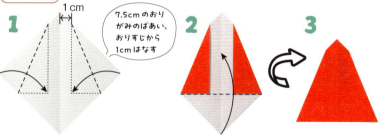

1cm

7.5cmのおりがみのばあい、おりすじから1cmはなす

1. おりすじからすこしはなしてかどをおる
2. かどをおってうらがえす
3. 「マント」のできあがり

「シンデレラ」のリース
» p.122

王子さまのからだ・きせかた

あたまとからだをつくっておく

- あたま
  - かお（88ページ）
  - よこわけ（92ページ）
- からだ（98ページ）
  - 白いめんからおる
- うで（99ページ）
  - いろのめんからおる

1. 「からだ」をつくり、かどをうしろへおる

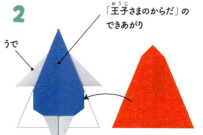

2. 「王子さまのからだ」の下に「うで」をはり、その下に「マント」はる

「王子さまのからだ」のできあがり

つぎのページ

124

シンデレラ

ガラスのくつ

ふつう

» p.122

かみの大きさ

ハイヒール

✱ たてよこはんぶんにおりすじをつけておく

1 まん中にあわせておりすじをつける

2 はんぶんにおる

3 かどをおりすじにあわせておる

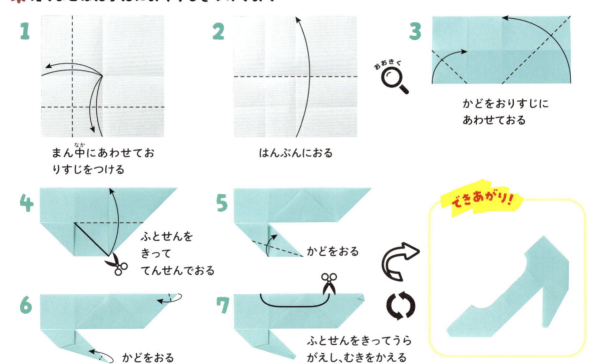

4 ふとせんをきってんてんせんでおる

5 かどをおる

できあがり！

6 かどをおる

7 ふとせんをきってうらがえし、むきをかえる

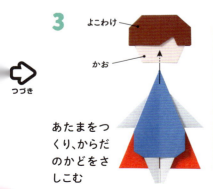

3 よこわけ／かお

つづき

あたまをつくり、からだのかどをさしこむ

できあがり！

あたまに「かんむり」をはり、かおとふくのもようをかく

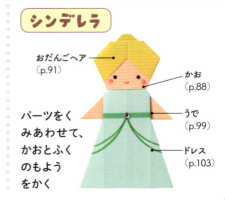

シンデレラ

おだんごヘア (p.91)
かお (p.88)
うで (p.99)
ドレス (p.103)

パーツをくみあわせて、かおとふくのもようをかく

125

シンデレラ

おしろ

ふつう

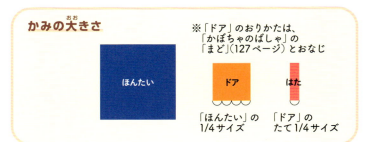

> p.122

| ほんたい | たてよこはんぶんにおりすじをつけておく |

1
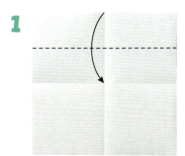
まん中にあわせておる

2
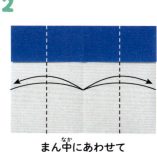
まん中にあわせて
おりすじをつける

3
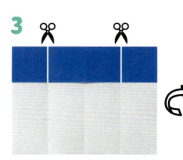
ふとせんをきってうらがえす

4

てんせんでおる

5

てんせんでかどをおって
うらがえす

6

「ほんたい」のできあがり

| はた | たてはんぶんにおりすじをつけておく |

1
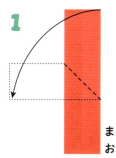
まよこに
おる

2

かどをおりすじに
あわせておる

3

かどとかどをむ
すぶせんでおる

4
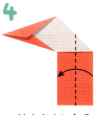
はんぶんにおる

つぎの
ページ

» p.122

シンデレラ
かぼちゃのばしゃ ふつう

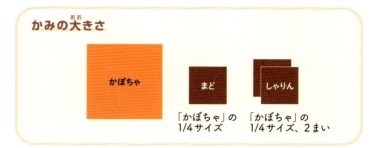
かみの大きさ
- かぼちゃ
- まど 「かぼちゃ」の 1/4サイズ
- しゃりん 「かぼちゃ」の 1/4サイズ、2まい

まど　たてはんぶんにおりすじをつけておく

1 まん中にすこしすきまがあくようにおる

2 うしろへはんぶんにおる

3 てんせんでかどをうしろへおる

4 「まど」のできあがり

5
しゃりん 「デイジー」の「はなびら」（108ページ）を2つつくる

かぼちゃ（67ページ）

まど

「かぼちゃ」に「まど」と「しゃりん」をはる

できあがり!

つづき

5 はんぶんにおってうらがえす

6 「はた」のできあがり

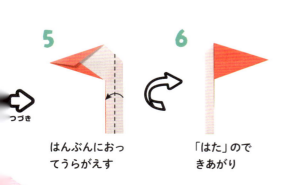

できあがり!

「ほんたい」に「ドア」（「かぼちゃのばしゃ」の「まど」）と「はた」をはり、まどをかく

127

しらゆきひめ
こびと

かんたん

» p.123

かみの大きさ

こびと

✻ たてはんぶんにおりすじをつけておく

1
かどをまん中にあわせておる

2
かどをおっておりすじをつける

3
左右をひらく

4
かどをおりすじにあわせておる

5
かどをおりすじにあわせておる

6
おりすじでおる

7
かどを〇にあわせておる

8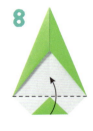
おりすじでおる

9
かみのふちでおっててんせんぶんだけにおりすじをつける

10
かどを〇にあわせてうしろへおる

アレンジ
できあがりからかどをうしろへおる

できあがり！
かおをかく

「しらゆきひめ」のリース
» p.123

まじょ／しらゆきひめ

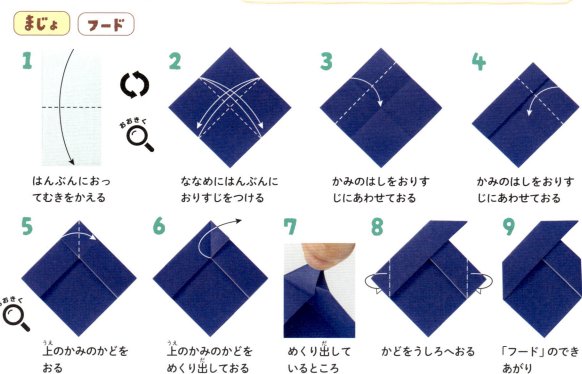

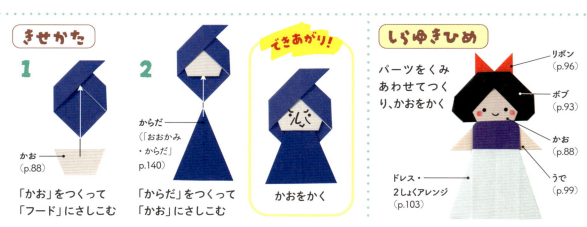

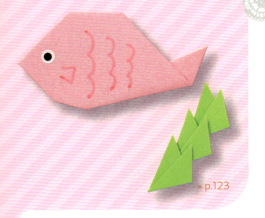

» p.123

にんぎょひめ
さかな／みずくさ かんたん

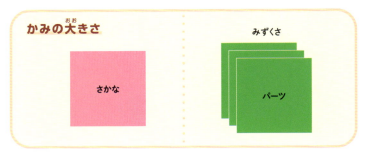

かみの大きさ　　さかな　　　みずくさ　パーツ

🔍 さかな

1
はんぶんにおる

2
上のかみをはんぶんにおっておりすじをつける

3
かどをおりすじにあわせておる

4
かどをかみのふちにあわせておる

5
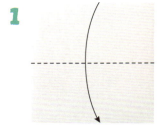
かどをおる

6

かどをすこしおってうらがえす

できあがり！
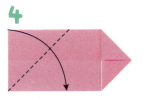
目・ひれ・うろこをかく

🔍 みずくさ　パーツ

1

はんぶんにおる

2
はんぶんにおる

3

かどをななめにおる

4
「パーツ」のできあがり。2〜3こつくる

できあがり！

かさねてはる

「にんぎょひめ」のリース
» p.123

130

» p.123

にんぎょ

むずかしい

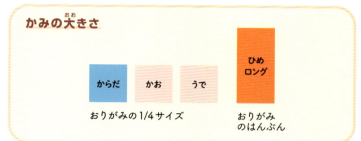
かみの大きさ

からだ / かお / うで　おりがみの1/4サイズ
ひめロング　おりがみのはんぶん

からだ
たてよこはんぶんにおりすじをつけておく

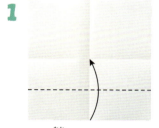
1 まん中にあわせておる

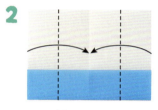
2 まん中にあわせておる

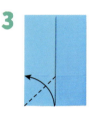
3 上のかみのかどをかみのふちにあわせておる

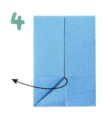
4 上のかみのかどをめくり出しておる

5 めくり出しているところ

6 かどをおる

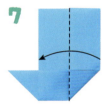
7 かみのふちとふちをあわせておる

8 ふとせんできってからうしろのかみを右にめくる

9 「からだ」のできあがり

きせかた
「ひめロング」と「うで」をつくっておく

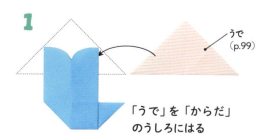
1 「うで」を「からだ」のうしろにはる

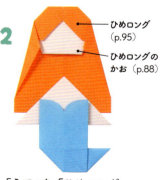
2 ひめロング（p.95）
ひめロングのかお（p.88）
「うで」を「ひめロングのかお」にさしこむ

うで（p.99）

できあがり！
かおとうろこをかく

part 2
がいこくの どうわリース -2

Hello!

おかしのいえ (p.135)
いえ：15cm×15cm
クッキー：7.5cm×3.75cm、2まい×4こぶん
ハート：7.5cm×7.5cm
ドア：7.5cm×7.5cm

ヘンゼルとグレーテル

ドーナツ (p.21)
3.75cm×7.5cm、2まい

グレーテル (p.134)
ロング：15cm×7.5cm
かお：7.5cm×7.5cm
からだ：7.5cm×15cm
うで：7.5cm×7.5cm

キャンディ (p.25)
6cm×12cm

おてだまだいし (p.158)
15cm×15cm、4まい

ヘンゼル (p.134)
センターわけ：7.5cm×7.5cm
かお：7.5cm×7.5cm
ハット：7.5cm×7.5cm
王子さまのからだ：7.5cm×15cm
うわぎ：7.5cm×15cm

132

トランプへい (p.139)
からだ：7.5cm×15cm
むねのもよう (ハート)：7.5cm×7.5cm
あたま (ハート)：6cm×6cm

イングリッシュローズ・大 (p.138)
15cm×15cm

ふしぎのくにのアリス

イングリッシュローズ・小
12cm×12cm

ポット (p.136)
12cm×12cm

アリス (p.139)
ロングヘ：15cm×7.5cm
リボン：7.5cm×3.75cm
かお：7.5cm×7.5cm
からだ：7.5cm×15cm
うで：7.5cm×7.5cm
エプロン：3.75cm×3.75cm

カップ&ソーサー (p.137)
カップ：7.5cm×7.5cm
ソーサー：7.5cm×7.5cm

おてだまだいし (p.158)
15cm×15cm、4まい

おおかみ (p.140)
あたま：7.5cm×15cm
からだ：7.5cm×7.5cm

デイジー (p.108)
はなびら：7.5cm×7.5cm
かしん：3.75cm×3.75cm

赤ずきんちゃん (p.141)
ずきん：15cm×7.5cm
よこわけ：7.5cm×7.5cm
かお：7.5cm×7.5cm
からだ：7.5cm×15cm
マント：7.5cm×7.5cm

バスケット
(バッグ：p.87・141)
バッグ：7.5cm×7.5cm
クロス：2cm×2cm

赤ずきん

ささのはリース (p.159)
15cm×15cm、8まい

133

ヘンゼルとグレーテル

ヘンゼル／グレーテル

» p.132

ヘンゼル うわぎ　たてはんぶんにおりすじをつけておく

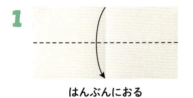

1 はんぶんにおる

2 上の1まいをおっててんせんぶぶんだけにおりすじをつける

3 かどを〇にあわせておりすじをつける

4 うらがえす

5 〇の山おりのおりすじをつまみ、まん中のおりすじにあわせておる

6 2まいいっしょにかどをおる

7 かどをおってうらがえす

8 「うわぎ」のできあがり

きせかた　「王子さまのからだ」と「センターわけ」をつくっておく

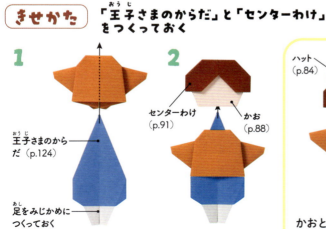

1 王子さまのからだ（p.124）／足をみじかめにつくっておく／「うわぎ」に「からだ」をさしこむ

2 センターわけ（p.91）／かお（p.88）／「からだ」のかどを「かお」にさしこむ

できあがり！
ハット（p.84）
かおとふくのもようをかき、「ハット」をかぶせる

グレーテル

ロング（p.94）
かお（p.88）
うで（p.99）
からだ（p.98）白いめんからおる
足をみじかめにつくる

パーツをくみあわせてつくり、かおをかく

» p.132

ヘンゼルとグレーテル

おかしのいえ

 ふつう

ドア　たてよこはんぶんにおりすじをつけておく

1 まん中にすこしすきまがあくようにおる

2 まん中にあわせてうしろへおる

3 かどをうしろへおる

4 「ドア」のできあがり

いえ　たてよこはんぶんにおりすじをつけておく

1 まん中にあわせておりすじをつける

2 かどを〇にあわせておりすじをつける

3 かどを〇にあわせておる

4 かみのふちをおりすじにあわせておる

 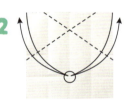  

5 かみのはしをおりすじにあわせてうしろへおってうらがえす

6 すきまをひろげてかどをふちにあわせたところでおる

7 ひろげたところ

8 うらがえす

9 「いえ」のできあがり

できあがり！
「ドア」「ハート」「クッキー」をはる

「ヘンゼルとグレーテル」のリース
» p.132

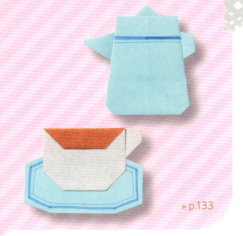

ふしぎのくにのアリス
カップ＆ソーサー／ポット

かみの大きさ

ポット	カップ＆ソーサー	
ポット	カップ	ソーサー

ポット たてはんぶんにおりすじをつけておく

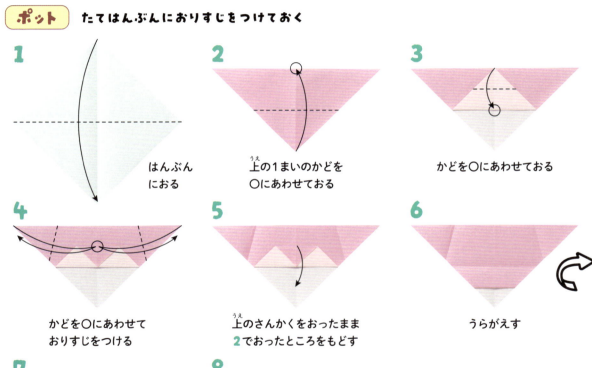

1 はんぶんにおる

2 上の1まいのかどを〇にあわせておる

3 かどを〇にあわせておる

4 かどを〇にあわせておりすじをつける

5 上のさんかくをおったまま2でおったところをもどす

6 うらがえす

7 上の1まいのかどをふちからすこし出るようにおる

8 〇の山おりのおりすじをつまんで、まん中にあわせておる

9 かどをおってうらがえす

できあがり！

カップ＆ソーサー

カップ

たてはんぶんにおりすじをつけておく

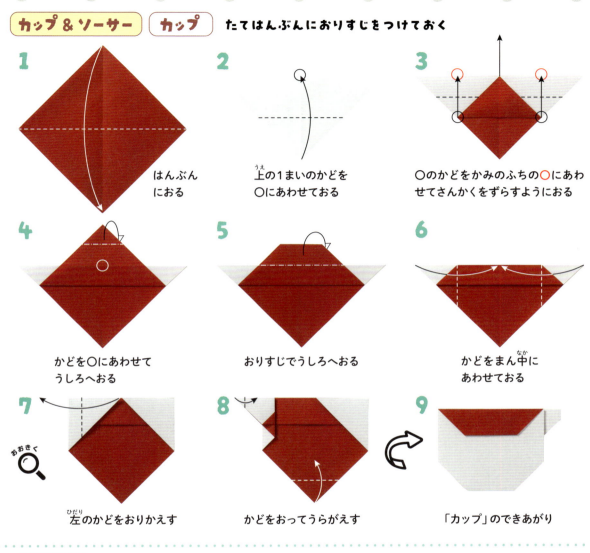

1. はんぶんにおる
2. 上の1まいのかどを○にあわせておる
3. ○のかどをかみのふちの○にあわせてさんかくをずらすようにおる
4. かどを○にあわせてうしろへおる
5. おりすじでうしろへおる
6. かどをまん中にあわせておる
7. 左のかどをおりかえす
8. かどをおってうらがえす
9. 「カップ」のできあがり

ソーサー

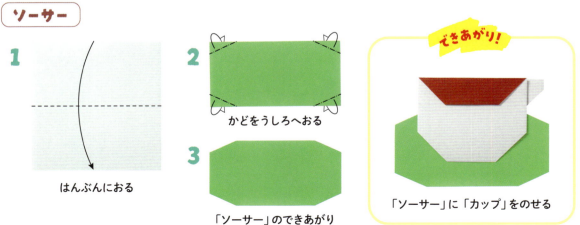

1. はんぶんにおる
2. かどをうしろへおる
3. 「ソーサー」のできあがり

できあがり！
「ソーサー」に「カップ」をのせる

» p.133

ふしぎのくにのアリス

イングリッシュローズ

かみの大きさ
イングリッシュローズ

✸ たてよこはんぶんにおりすじをつけておく

1
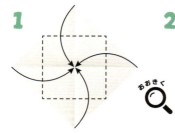

かどをちゅうしんにあわせておる

2

かどをちゅうしんにあわせておる

3
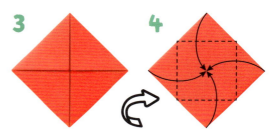

うらがえす

4

かどをちゅうしんにあわせておる

5

⇧⇩▷◁からすきまをひろげ、かどをそとがわのふちにあわせたところでつぶす

6

かどをふちにあわせてひろげているところ

7
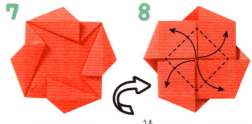

うらがえす

8

上のかみのかどをおる

9

上の1まいのかどをおる

できあがり！

「ふしぎのくにのアリス」のリース » p.133

138

ふしぎのくにのアリス

トランプへい／アリス

» p.133

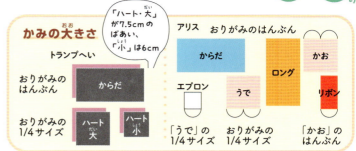

トランプへい ／ からだ
たてよこはんぶんにおりすじをつけておく

1
てんせんでおる

2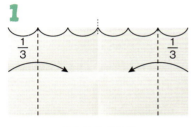
てんせんでうしろへおってうらがえす

3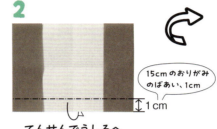
上のかみのかどをおる

4
かみのふちをまん中にあわせておる

5
上のかみのかどをおる

6
うらがえす

7
「からだ」のできあがり

アリス

「からだ」に「エプロン」のかみをかさねる。かどを「からだ」のふちにそわせており、うちがわに入れこむ

できあがり。かおと「エプロン」のもようをかく

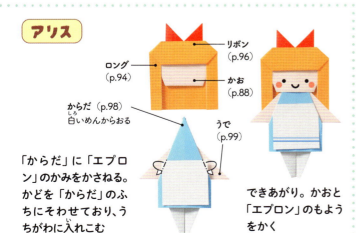

スペードのばあいは「ハート」をさかさまにして小さなさんかくをかきたしてね

できあがり！

あたまに「ハート」(26ページ)の「小」を、むねのもように「大」をはる

» p.133

赤ずきん

おおかみ

 ふつう

かみの大きさ

あたま	からだ
おりがみの はんぶん	おりがみの 1/4サイズ

じっさいには「からだ」と「あたま」はおなじいろのかみでつくります

からだ たてはんぶんにおりすじをつけておく

1. まん中にあわせておる
2. かどをおってうらがえす
3. 「からだ」のできあがり

できあがり！
「からだ」に「あたま」をはってかおをかく

あたま たてはんぶんにおりすじをつけておく

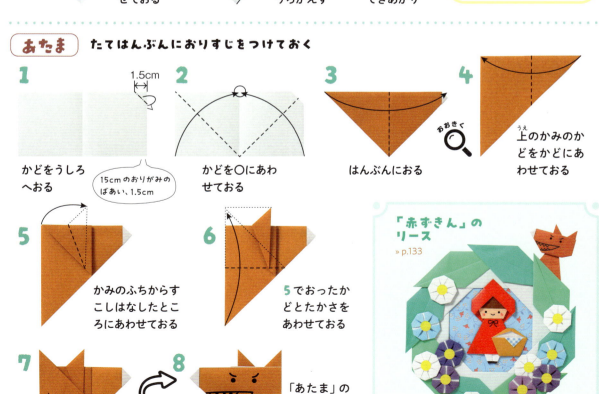

1. かどをうしろへおる（15cmのおりがみのばあい、1.5cm）
2. かどを○にあわせておる
3. はんぶんにおる
4. 上のかみのかどをかどにあわせておる
5. かみのふちからすこしはなしたところにあわせておる
6. 5でおったかどとたかさをあわせておる
7. かどをおってうらがえす
8. 「あたま」のできあがり。かおをかく

「赤ずきん」のリース » p.133

赤ずきん

赤（あか）ずきんちゃん

むずかしい

» p.133

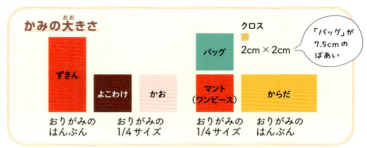

ずきん

1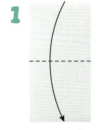
はんぶんにおってむきをかえる

2
ななめにはんぶんにおりすじをつける

3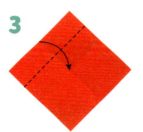
かみのはしをおりすじにあわせておる

4
かみのはしをおりすじにあわせておる

5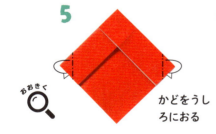
かどをうしろにおる

6
「ずきん」のできあがり

バスケット

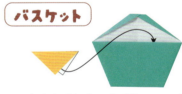
さんかくにおった「クロス」を「バッグ」(87ページ)にさしこむ

きせかた　あたまとからだをつくっておく

・あたま
　かお（88ページ）
　よこわけ（92ページ）
　まえがみをきらない
・からだ（98ページ）
　白（しろ）いめんからおる
・マント（ワンピース・102ページ）

1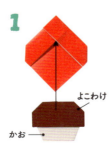
あたまを「ずきん」にさしこむ

2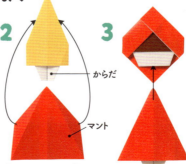
「からだ」に「マント」をかぶせる

3
「からだ」を「かお」にさしこむ

できあがり！

かおとふくのもようをかく

part 2
にほんの
どうわリース

かぐやひめ

月 (p.144)
15cm×15cm

竹やぶ (p.144)
竹：15cm×7.5cm
はっぱ：3.75cm×3.75cm

ささのはリース (p.159)
15cm×15cm、8まい

あかちゃん
（ゆびにんぎょう：p.54）
15cm×15cm

竹のきりかぶ (p.144)
15cm×15cm

かぐやひめ (p.145)
ひめロング：15cm×7.5cm
かお：7.5cm×7.5cm
十二ひとえ・ほんたい：15cm×15cm
十二ひとえ・えり：7.5cm×7.5cm

ももたろう

きじ (p.148)
ほんたい：15cm×7.5cm
かおパーツ：3.75cm×3.75cm

もも (p.62)
ほんたい：7.5cm×15cm
はっぱ：7.5cm×15cm

のぼり (p.146)
7.5cm×3.75cm

おてだまだいし (p.158)
15cm×15cm、4まい

ももたろう (p.149)
ももたろうまげ：7.5cm×7.5cm
はちまき：1cm×3cm
かお：7.5cm×7.5cm
王子さまのからだ：7.5cm×15cm
うわぎ：7.5cm×15cm

さる (p.147)
ほんたい：15cm×7.5cm
かおパーツ：3.75cm×3.75cm

いぬ (p.146)
15cm×7.5cm

142

うらしまたろう

りゅうぐうじょう (p.151)
ほんたい・大：15cm×15cm
ほんたい・小：7.5cm×7.5cm
とびら：3.75cm×7.5cm

おとひめのうちわ (p.152)
ほんたい：7.5cm×7.5cm
もち手：7.5cm×やく2cm

おとひめ (p.152)
ひめロング・おだんごつき
アレンジ：15cm×7.5cm
かお：7.5cm×7.5cm
からふうのきもの：15cm×15cm

うらしまたろう (p.152)
ももたろうまげ：7.5cm×7.5cm
かお：7.5cm×7.5cm
からだ：7.5cm×15cm
うわぎ：7.5cm×15cm

おてだまだいし (p.158)
15cm×15cm、4まい

かめ (p.150)
15cm×15cm

つるのおんがえし

つる (p.154)
からだ：15cm×15cm
あたま：7.5cm×7.5cm

ささのはリース (p.159)
15cm×15cm、8まい

おつう (p.155)
ひめロング：15cm×7.5cm
かお：7.5cm×7.5cm
きもの：15cm×15cm
おび：1.5cm×5.5cm

たんもの (p.155)
7.5cm×3.75cm

おじいさん (p.156)
ももたろうまげ：7.5cm×7.5cm
かお：7.5cm×7.5cm
からだ：7.5cm×7.5cm
うわぎ：7.5cm×15cm

おばあさん (p.157)
ショート：7.5cm×7.5cm
かお：7.5cm×7.5cm
きもの：15cm×7.5cm
まえかけ：7.5cm×3.75cm

月／竹やぶ／かぐやひめ

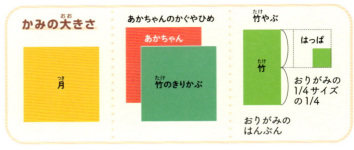

» p.142

月　たてよこはんぶんにおりすじをつけておく

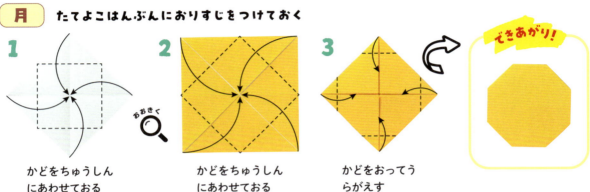

1. かどをちゅうしんにあわせておる
2. かどをちゅうしんにあわせておる
3. かどをおってうらがえす

できあがり！

あかちゃんのかぐやひめ　／　竹のきりかぶ

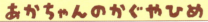

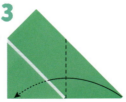

1. はしにすこしすきまがあくようにかどをおる
2. いちばんながいはしの3ぶんの1のところでうしろへおってうらがえす
3. てんせんでおってすきまに入れこむ
4. 「竹のきりかぶ」のできあがり

竹やぶ

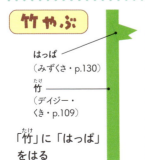

- はっぱ（みずくさ・p.130）
- 竹（デイジー・くき・p.109）

「竹」に「はっぱ」をはる

くみたてかた

「ゆびにんぎょう」の「あかちゃん」（54ページ）をつくり、かおときもののえりをかく

「竹のきりかぶ」にさしこむ

できあがり！

144

かぐやひめ

えり

たてはんぶんにおりすじをつけておく

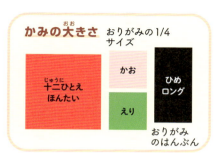
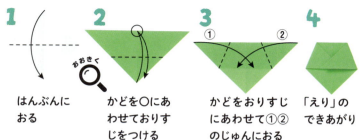

十二ひとえほんたい・くみたてかた

たてはんぶんにおりすじをつけておく

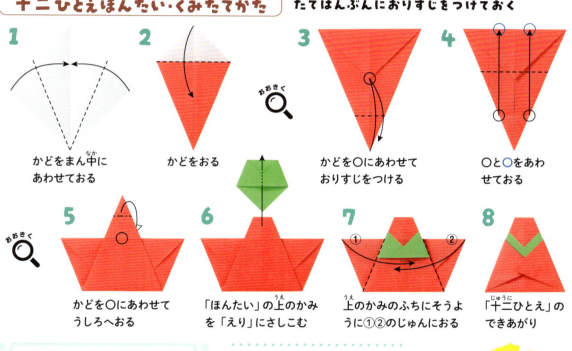

「かぐやひめ」のリース » p.142

きせかた

かおをかく

ももたろう

いぬ／のぼり

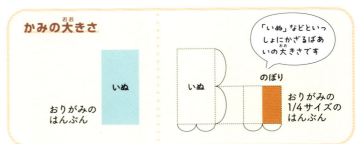
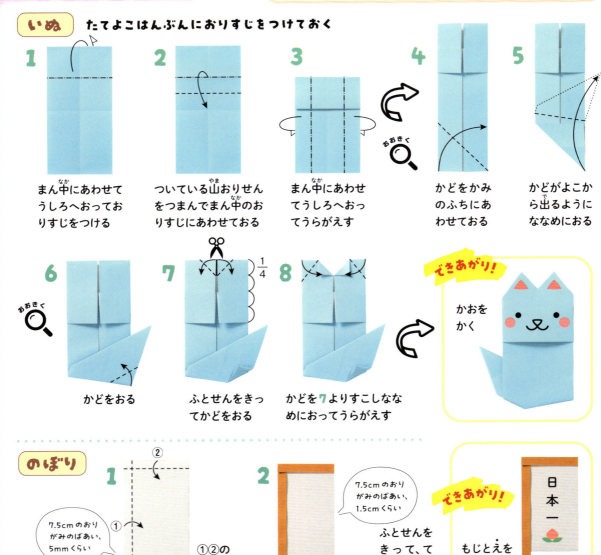

さる

» p.142

 むずかしい

かみの大きさ

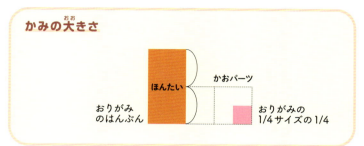

おりがみ のはんぶん / ほんたい / かおパーツ / おりがみの 1/4サイズの1/4

ほんたい 「いぬ」の6までおってからはじめる

1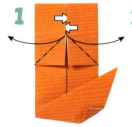
⇨⇦からすきまをひらいてさんかくにつぶす

2
つぶしているところ

3
かどをおる

4
かどをおる

5
おったかどをおりかえす

6
かどをおってうらがえす

7
「ほんたい」のできあがり。「かおパーツ」をはる

できあがり！

かおをかく

かおパーツ たてよこはんぶんにおりすじをつけておく

1
かどをまん中にあわせておる

2
かどをななめにおってうらがえす

3
「かおパーツ」のできあがり

「ももたろう」のリース
» p.142

» p.142

ももたろう
きじ

 ふつう

かみの大きさ

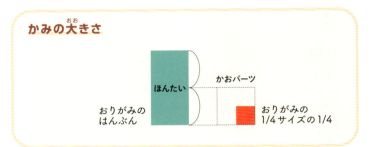

 かおパーツ たてはんぶんにおりすじをつけておく

1	2	3	4
はんぶんにおる	かどがすこし出るようにおる	かどをうしろへおる	「かおパーツ」のできあがり

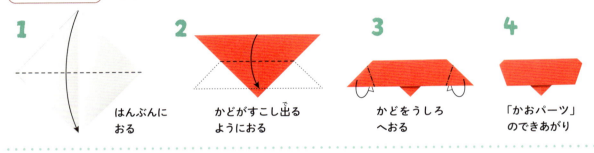

ほんたい 「いぬ」(146ページ)の3までおってからはじめる

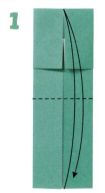    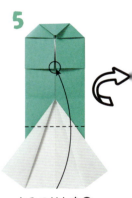

1. はんぶんにおっておりすじをつける
2. 上の1まいのかどをおる
3. かどをまん中にあわせておる
4. かどを○にあわせておる
5. かみのはしを○にあわせておってうらがえす

6.

「ほんたい」のできあがり。「かおパーツ」をはる

できあがり!

目をかく

ももたろう

» p.142

ももたろうまげ　たてよこはんぶんにおりすじをつけておく

1 かどをちゅうしんにあわせてうしろへおる

2 かどを〇にあわせておる

3 かどをまん中にあわせておる

4 3と1でおったところをもどす

5 〇にあわせてかどをおる

6 おりすじをつかってかどを右にたおしてたたむ

7 たたんでいるところ

8 てんせんでうしろへおってうらがえす

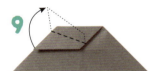

9 すこしななめにおる

10 かどをおってうらがえす

11 「ももたろうまげ」のできあがり

きせかた　かおとからだをつくっておく

- かお（88ページ）
  もものえをかいたはちまきをはる
- 王子さまのからだ（124ページ）
  白いめんからおり、足をみじかめにつくる
- うわぎ（134ページ）

1 かお ← はちまきをはった「かお」を「ももたろうまげ」にさしこむ

2 王子さまのからだ　「王子さまのからだ」を「かお」にさしこむ

できあがり！
かおとふくのもようをかく

149

うらしまたろう

かめ／りゅうぐうじょう ふつう

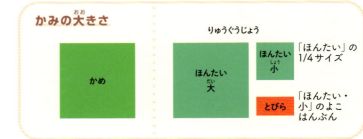

» p.143

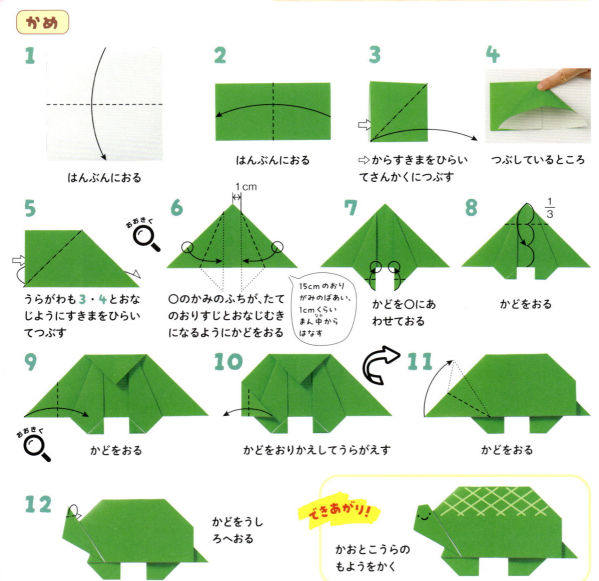

りゅうぐうじょう

ほんたい（大・小） たてよこはんぶんにおりすじをつけておく

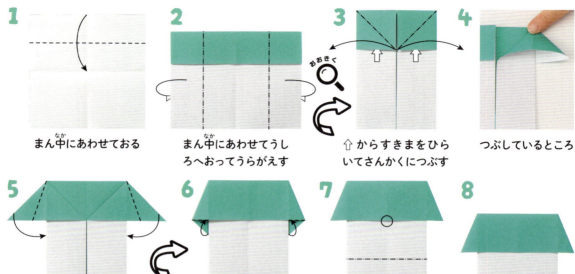

1. まん中にあわせておる
2. まん中にあわせてうしろへおってうらがえす
3. ⇧からすきまをひらいてさんかくにつぶす
4. つぶしているところ
5. かどをかみのふちにあわせておってうらがえす
6. かどをおってうちがわに入れこむ
7. 「小」のできあがり。「大」はかみのはしを〇にあわせてうしろへおる
8. 「大」のできあがり

とびら
たてはんぶんにおりすじをつけておく

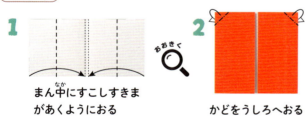

1. まん中にすこしすきまがあくようにおる
2. かどをうしろへおる
3. すこしのはばでうしろへおる
4. 「とびら」のできあがり

「うらしまたろう」のリース » p.143

できあがり！

「ほんたい・小」に「大」をかさねてはり、上に「とびら」をはる

おとひめ／うらしまたろう

うらしまたろう

おとひめのうちわ ／ ほんたい

たてはんぶんにおりすじをつけておく

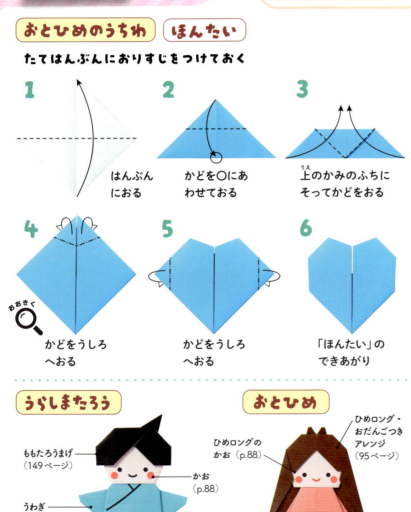

もち手

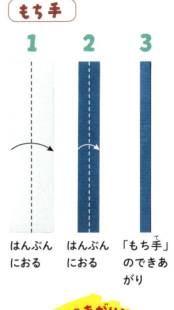

できあがり！

「ほんたい」に「もち手」をはる

おってあそぼう！

カミキィ本でつくる カワイイものがたりリース

これまでのカミキィ本で
しょうかいしているさくひんもつかって、
3つのものがたりリースをつくりました。
みなさんもぜひ、
じぶんのすきなどうわのせかいを、
リースにしてみましょう！

「おの（まさかり）」は、りょうめんにいろを出すために、「まさかり」のよこはば2ばいのかみを、うしろへはんぶんにおってからはじめます

『どうぶつおりがみ』
おの（まさかり・p.127）
7.5cm × 3.75cm

※「きんのおの」は
左右ぎゃくむきにおります　ここから「まさかり」とおなじ

めがみさま
ドレス：15cm × 7.5cm
（本書p.103）
ひめロング：15cm × 7.5cm
（本書p.95）
ひめロングのかお
7.5cm × 7.5cm
（本書p.88）

うさぎとかめ

かめ
（本書p.150）
15cm × 15cm

はた
2cm × 7.5cm
（本書p.126）

きんのおの ぎんのおの

『どうぶつおりがみ』
木（p.49）
みき・はっぱ：
7.5cm × 7.5cm

ささのはリース
（本書p.159）
15cm × 15cm、
8まい

木こり
うわぎ：7.5cm × 15cm（本書p.134）
からだ：7.5cm × 15cm（本書p.98）
白いめんからおる
よこわけ：7.5cm × 7.5cm（本書p.92）
かお：7.5cm × 7.5cm（本書p.88）
ハット：7.5cm × 7.5cm（本書p.84）

『季節のおりがみ』
もみの木（p.124）
7.5cm × 7.5cm、
2まい

おてだまだいし
（本書p.158）
15cm × 15cm、
4まい

『どうぶつおりがみ』
うさぎ（p.32）
12cm × 12cm、
2まい

さるかに かっせん

かき（本書「みかん」p.61）
ほんたい：7.5cm × 7.5cm
へた：2.5cm × 2.5cmの
かみにきりこみを入れる

おにぎり
（本書p.72）
10cm × 10cm

さる（本書p.147）
ほんたい：18cm × 9cm
かおパーツ：4.5cm × 4.5cm

かきのたね
（本書「デイジー」の
「はっぱ」p.109）
4cm × 4cm

『どうぶつおりがみ』
かに（p.81）
15cm × 15cm

『季節のおりがみ』
六角リース（p.126）
15cm × 15cm、6まい

これまでのカミキィ本のタイトルは、下のようにみじかくしています
『カミキィの季節のおりがみ』……『季節のおりがみ』
『カミキィの〈かわいい・楽しい〉どうぶつおりがみ』……『どうぶつおりがみ』

つるのおんがえし
つる／おつう

むずかしい

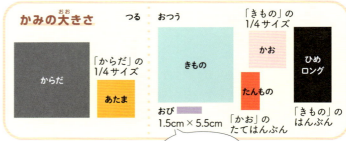

» p.143

「きもの」が15cmの
おりがみのばあい

| つる | からだ | たてよこはんぶんにおりすじをつけておく |

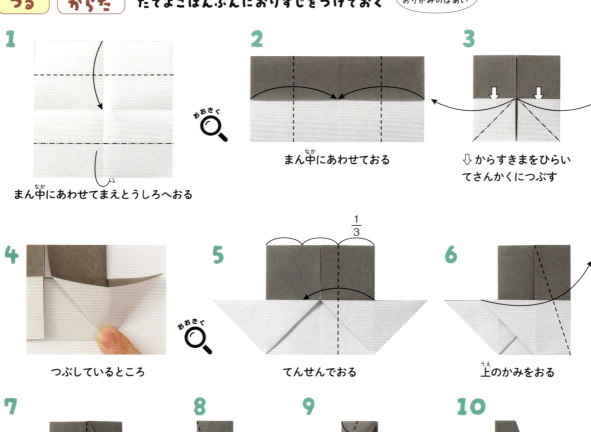

1 まん中にあわせてまえとうしろへおる

2 まん中にあわせておる

3 ⇩からすきまをひらいてさんかくにつぶす

4 つぶしているところ

5 てんせんでおる

6 上のかみをおる

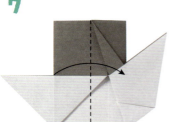

7 てんせんでおる

8 上のかみをおる

9 かどをおってうらがえす

10 「からだ」のできあがり

154

あたま

1
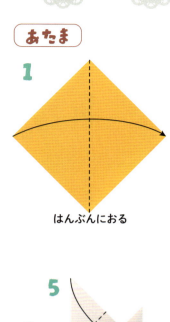
はんぶんにおる

2
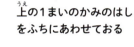
上(うえ)の1まいのかみのはしをふちにあわせておる

3

かどとかどをあわせておりすじをつける

4
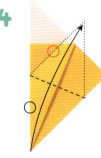
○のかみのはしを○のおりすじにあわせておる

5

かどを○にあわせておる

6
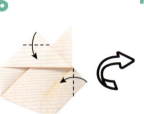
かどをおってうらがえす

7

「あたま」のできあがり

できあがり!
「からだ」に「あたま」をはり、目(め)ともようをかく

おつう

- ひめロング（p.95）
- ひめロングのかお（p.88）
- きもの（p.104）

パーツをくみあわせてつくり、かおときもののえりをかく

たんもの

1
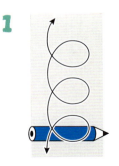
えんぴつなどのまるいぼうにまきつけてカールのくせをつける

2

くるくるとまいてさいごをのりなどではり、つつにする

できあがり!

つるのおんがえし
おじいさん／おばあさん

» p.143

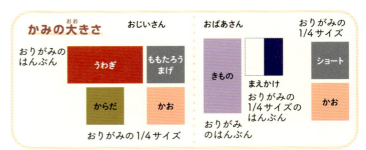

かみの大きさ
- おじいさん：うわぎ（おりがみのはんぶん）、ももたろうまげ、からだ、かお（おりがみの1/4サイズ）
- おばあさん：きもの（おりがみのはんぶん）、まえかけ（おりがみの1/4サイズのはんぶん）、ショート、かお（おりがみの1/4サイズ）

おじいさん　かお（おばあさんもおなじ）
「かお」（88ページ）の3までおってはじめる

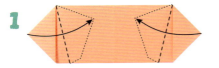

1 かどをおる　**2** うらがえす　　**3** 「かお」のできあがり

からだ
たてよこはんぶんにおりすじをつけておく

 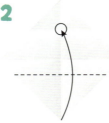  

1 かどをちゅうしんにあわせててんせんぶんだけにおりすじをつける
2 かどを〇にあわせておる
3 かみのはしをまん中のおりすじにあわせておる
4 てんせんでうしろへおる（おおきく）
5 「おじいさんのからだ」のできあがり

きせかた
「うわぎ」と「ももたろうまげ」をつくっておく

- うわぎ（134ページ）
- ももたろうまげ（149ページ）

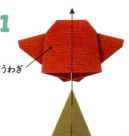

1 「からだ」を「うわぎ」にさしこむ
2 「からだ」のかどを「かお」にさしこむ

できあがり！
かおとうわぎのえりをかく

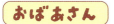

おばあさん　まえかけ

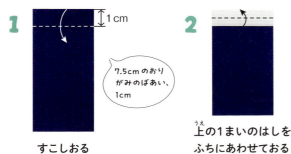 

1. すこしおる（7.5cmのおりがみのばあい、1cm）
2. 上の1まいのはしをふちにあわせておる
3. かみのはしとはしをあわせてうしろへおる
4. 「まえかけ」のできあがり

きもの　たてよこはんぶんにおりすじをつけておく

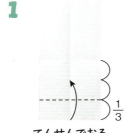  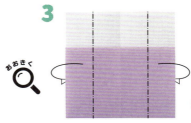 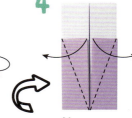

1. てんせんでおる（1/3）
2. おりすじでおる
3. まん中にあわせてうしろへおってうらがえす
4. 上のかみのかどをおる

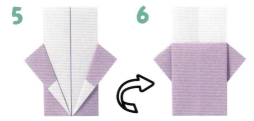

5. うらがえす
6. 「きもの」のできあがり

きせかた　あたまをつくっておく

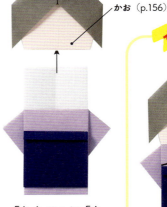

ショート（p.90）
かお（p.156）

できあがり！

「きもの」に「まえかけ」をかさねてはり、「かお」のすきまにさしこむ

かおときもののえりをかく

「つるのおんがえし」のリース
» p.143

リースのどだい
おてだまだいし

かんたん

» p.122-123,132-133,142-143

かみの大きさ

見やすいように2しょくのおりがみをつかっています。すきないろやがらのかみでつくりましょう

パーツ

パーツ

1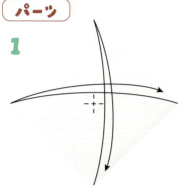
たてよこはんぶんにおってちゅうしんぶぶんだけにおりすじをつける

2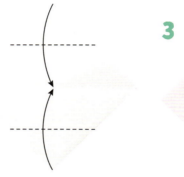
かどをちゅうしんにあわせておる

3
うらがえす

4
「パーツ」のできあがり。おなじものを4こつくる

くみたてかた

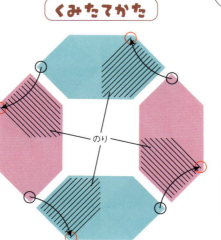

のり

○のかどをとなりのパーツの○のかどにかさね、2まいのそとがわのふちがあうようにはりあわせる

すきなおりがみさくひんをはってかわいいリースをつくってね!

できあがり!

» p.133, 142-143

リースのどだい

ささのはリース

ふつう

かみの大きさ

そのままでもかわいいリースです。きせつによってはっぱのいろをかえてもすてきですね！

パーツ　たてはんぶんにおりすじをつけておく

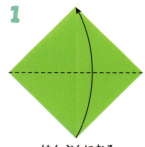

1 はんぶんにおる

2 上の1まいのかどを○にあわせておってうらがえす

3 上の1まいのかどをふちにあわせておりすじをつける

4 かどをおりすじにあわせておる

5 かどをおりすじにあわせておる

6 おりすじでおる

7 うらがえす

8 「パーツ」のできあがり。おなじものを8こつくる

くみたてかた

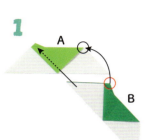
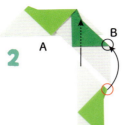

できあがり！

1 BのかどをAのすきまにさしこんで○と○があうところではる

2 さしこんだところ。のこりの6つもおなじようにつないでわっかにする

3 ぜんぶさしこんだところ。うらがえす

159

著者

カミキィ（kamikey）

札幌在住のおりがみ作家。2015年よりYouTubeを開始。オリジナル作品のうち、動画にしているものは450点ほど。もとはあみぐるみなどのニット小物のハンドメイド作家として活動していたが、育児をきっかけにおりがみ創作にハマる。元ハンドメイド作家としてのセンスを生かしたおりがみ飾りの世界観づくりと、当初は「折り鶴」しか折ったことがなかったという経歴から初心者にもわかりやすい動画で人気に。かわいい作風と、作品を組み合わせた飾りの提案が女性を中心に支持を集めている。インスタグラムなどのSNSや雑誌で創作おりがみを発信中。著書に『カミキィの季節のおりがみ』、『カミキィの〈か和いい〉季節のおりがみ』『カミキィの〈気持ちが伝わる〉贈り物おりがみ』『カミキィの〈かわいい・楽しい〉どうぶつおりがみ』（以上、日本文芸社）がある。

Staff

デザイン	石松あや	（しまりすデザインセンター）
	石川愛子	
DTP	ニシ工芸株式会社	
スタイリング	ダンノマリコ	
撮影	鈴木江実子（作品写真）、天野憲仁（日本文芸社、プロセス写真）	
撮影協力	小泉結唯、小林大智、峯尾美夏沙	
編集協力	佐藤洋子	

本書に掲載された折り図について、そのまままたは再作成・再録した図・動画のインターネットへの公開、または複製した作品の店頭やネットショップでの販売など、営利目的での利用を禁じます。
印刷物のため、色は実際と違って見えることがあります。ご了承ください。

乱丁・落丁などの不良品、内容に関するお問い合わせは
小社ウェブサイトお問い合わせフォームまでお願いいたします。
ウェブサイト https://www.nihonbungeisha.co.jp/

カミキィの
おりがみあそび

2025年4月20日　第1刷発行

著　者	カミキィ
発行者	竹村響
印刷所	TOPPANクロレ株式会社
製本所	TOPPANクロレ株式会社
発行所	株式会社日本文芸社
	〒100-0003　東京都千代田区一ツ橋1-1-1　パレスサイドビル8F

Printed in Japan
112250409-112250409 Ⓝ01（121014）
ISBN978-4-537-22279-1
Ⓒ Kamikey 2025

法律で認められた場合を除いて、本書からの複写・転載（電子化を含む）は禁じられています。また、代行業者等の第三者による電子データ化および電子書籍化は、いかなる場合も認められていません。

（編集担当　前川）